요즘 어른을 위한
최소한의
돈 공부법

KB192478

요즘 어른을 위한 최소한의 돈 공부법

초판 인쇄 2025년 4월 5일
초판 발행 2025년 4월 10일

지은이 정지수
발행인 조현수
펴낸곳 도서출판 더로드
기획 조영재
디자인 정의도
주소 경기도 파주시 광인사길 68, 201-4호
전화 031) 942-5364, 5366
팩스 031-942-5368
이메일 provence70@naver.com
등록번호 제2015-000135호
등록 2015년 6월 18일
ISBN 979-11-6338-445-8 (13320)

파본은 구입처나 본사에서 교환해 드립니다.
이 책의 내용에 대한 재사용은 저작권자의 허락 없이 사용을 금합니다.

정가 18,000원
파본은 구입처나 본사에서 교환해드립니다.

요즘 어른을 위한
최소한의
돈 공부법

정지수 지음

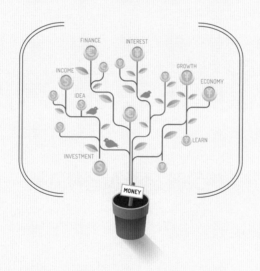

도서
출판 **더 로드**
The Road Books

3장
요즘 어른들의 최소한의 돈 공부

4장
미래를 위해 오늘 할 수 있는 한 가지

5장
내 삶을 바꾼 돈 공부 이야기

마무리

프롤로그

    우리는 모두 '잘 살고 싶다'는 바람을 품고 살아갑니다. 이는 자본주의 사회를 살아가는 현대인들에게 자연스러운 기본 욕구입니다. 하지만 막상 돈과 성공을 이야기할 때 사람들이 쉽게 간과하는 사실이 있습니다. 우리는 더 나은 삶을 위해 돈을 벌고, 그 돈으로 자유와 행복을 꿈꾸지만, 열심히 일하고, 버는 족족 지출하며, 또 빚을 지고, 그 빚을 갚기 위해 다시 일하는 악순환에 빠져 정작 그 돈을 어떻게 다루고 관리해야 하는지에 대한 체계적인 교육을 받지 못한 채 어른이 되었습니다.

    돈에 대해 무지하다는 것은 그 사람의 지능이나 교육 수준과는 상관이 없습니다. 처음부터 돈에 대해 지식을 갖고 태어난 사람은 아무도 없습니다. 그렇기에 다른 것과 마찬가지로 경험을 통해 지식을 배워야 하고, 적절한 돈 관리 방법을 습득해야 하며 교육도 받아야 합니다. 그러나 돈 관리 방법은 학교에서 가르쳐주지 않기 때문에 많은 사람들은 막연한 불안과 혼란 속에서 끊임없이 돈을 좇으며 살아가고 있습니다.

이 책은 그런 혼란 속에서 방향을 잃은 여러분에게 돈에 대한 새로운 시각과 방향을 제공하고 작은 길잡이가 되기를 바라며 쓰게 되었습니다. 돈이 무엇인지, 어떻게 벌고, 어떻게 관리해야 하는지에 대한 기본적인 지침을 통해 여러분이 경제적 자유를 향해 나아갈 수 있도록 돕는 작은 길잡이가 되기를 바랍니다.

저는 재정 관리 전문가도, 투자 전문가도 아닙니다. 그런데도 이 책을 쓰게 된 이유는, 제가 경험한 수많은 시행착오와 실전에서 얻은 교훈들을 독자들과 나누고 싶었기 때문입니다. 27년간 네트워크 마케팅 분야에서 활동하는 중에 배운 돈 관리의 중요성과 실전적인 교훈들은 제가 살아오면서 겪은 실패와 성공을 통해 깨달은 값진 깨달음이며, 통찰입니다. 어떻게 하면 조금 더 현명하게 돈을 다룰 수 있을지에 대해 깊게 고민하게 되었고, 그 속에서 터득한 실전적인 돈 공부법을 담고 있습니다.

2024년 현재, 대한민국의 평균 가계부채는 약 9,500만 원이며, 40대 가구의 경우 평균 부채는 1억 2,000만 원을 넘습니다. 이는 자녀 교육비와 주택 관련 대출이 주요 원인입니다. 통계 수치만 봐도 알 수 있듯이, 우리는 이미 많은 빚을 짊어지고 살아가고 있습니다. 하지만 단순히 통계 수치로 나타나는 빚보다 중요한 것은 이러한 부채가 우리의 일상에 얼마나 큰 영향을 미치고 있는가 하는 점입니다. 그 부채로 인해 많은 사람들이 경제적인 압박감 속에서 대출금과 이자를 갚느라 허덕이며 살아가고 있으며, 이로 인한 불안감과 스트레스는 우리의 마음을 더욱 무겁게 만듭니다.

빚은 단순한 경제 문제가 아닙니다. 우리의 정신 건강에 깊은 영향을 미치며, 마음속 불안을 심어줍니다. 많은 사람들이 이 빚을 해결하려고 더 열심히 일하고, 더 많이 벌기 위해 안간힘을 쓰지만, 정작 그 과정에서 어떻게 돈을 다루고, 어떻게 빚을 줄여야 하는지는 제대로 배우지 못한 채 악순환을 반복하는 경우가 많습니다. 이런 악순환에서 벗어나지 못하면, 아무리 돈을 많이 벌어도 마음의 평화는 얻을 수 없습니다. 너무 슬프고 안타까운 현실입니다.

이러한 현실을 뼈저리게 경험한 한 사람으로서 제가 깨달은 것은 빚을 줄여나가고 없애는 것이야말로 우리가 부를 쌓아가는 첫걸음이라는 점입니다. 부채를 줄이는 일은 단순히 경제적인 안정만을 의미하지 않습니다. 그것은 심리적인 해방과도 같습니다. 우리는 흔히 "돈이 많이 있어야 자유롭다"라고 말하지만, 진정한 자유는 '빛이 없을 때' 비로소 느낄 수 있습니다. 많은 돈이 주는 자유가 아니라, 빛에서 벗어나는 자유가 진정 더 큰 가치를 준다는 사실을 잊지 말아야 합니다.

저는 여러분이 돈을 바라보고, 다루는 방식에 대한 새로운 관점을 갖게 되기를 바랍니다. 돈을 많이 버는 것보다 중요한 것은 '돈을 어떻게 쓰고 관리하고 통제할 것인가'입니다. 우리는 누구나 더 많은 돈을 벌고 싶어 하지만, 돈을 많이 벌고 부자가 된다고 해서 자동으로 경제적으로 안정되는 것은 아닙니다. 적절한 관리와 현명한 소비 지출습관을 가질 수 있다면, 조금 적게 벌더라도 경제적인 안정을 누릴 수 있습니다. 이 책에서 소개할 실전적인 지출 소비습관과 돈 관리법과 마인드 셋은 이러한 부분에 중점을 두고 있습니다.

제 경험을 바탕으로, 특히 부채의 함정에서 벗어나기 위한 실전적인 방법에 대해 깊이 다룰 것입니다. 사람들은 흔히 더 나은 생활을 위해 돈을 빌리고 신용카드 할부를 사용하는 것을 자연스럽게 생각합니다. 하지만 이것이 얼마나 위험한지 깨닫는 것은 뒤늦은 경우가 많습니다. 조금만 이성적으로 생각하면 상황이 이해될 수 있지만, 주변에 다른 사람들이 다 그렇게 살아가니 별다른 문제를 발견하지 못하고 남들도 다 하니까 따라 하는 사람들이 많습니다. 지금 당장 빚부터 갚아야 합니다. 물론 빚을 갚는 과정은 힘들고 고통스럽고, 오랜 인내의 시간을 요구할 수도 있습니다. 하지만 그 고통의 시간이 지나면 비로소 경제적 자유를 향한 길이 열립니다.

돈은 단순한 소비의 대상이 아닙니다. 그것은 우리가 원하는 삶을 설계하기 위한 도구입니다. 하지만 많은 사람들은 돈을 대할 때 마치 수레에 끌려가는 소처럼 돈에 끌려다닙니다. 더 많이 벌기 위해 계속해서 무거운 짐을 짊어지고, 더 많이 지출하기 위해 더 많은 시간을 일에 쏟습니다. 그리고 그 과정에서 삶의 중요한 부분들을 잃어버리곤 합니다. 가족과의 시간, 건강, 그리고 자기 자신을 위한 여유조차도 말이죠.

이 책을 통해 돈이 우리를 지배하게 두는 대신, 우리가 돈을 건강하게 다스리는 법을 배워야 한다고 생각합니다. 이를 위해서는 단순히 돈을 아끼는 것 이상의 지혜가 필요합니다. 어떻게 하면 우리가 지금 누리고 있는 것들을 잃지 않으면서도 자산을 늘려갈 수 있을까요? 어떻게 하면 미래를 위한 투자를 하면서도 현재의 행복을 놓치지 않을 수 있을까요? 이러한 문제를 해결하는 것은 우리의 삶 전체에 긍정적인 변화를 가져다줄 수 있는 중요한 요소입니다. 빚을 갚고, 돈을 더 잘 관리하며, 부를 쌓아가는 과정에서 경제적인 안정뿐 아니라, 심리적인 자유와 마음의 평화까지도 얻게 될 것입니다. 이렇듯 문제를 발견하고, 문제를 해결 하는 과정이 곧 성공의 과정임을 알게 될 것입니다.

우리는 물질적 풍요 속에서 살아가지만, 그 풍요가 오히려 우리의 경제적 자유를 방해할 때가 많습니다. 소비의 유혹에 넘어가 불필요한 물건을 사고, 그로 인해 더 많은 일을 해야만 하며, 또 그 일을 하기 위해 더 많은 시간을 쏟아야 합니다. 이러한 악순환에서 벗어나기 위해서는 자신의 소비 습관을 돌아보고, 보다 현명한 선택을 하는 법을 배워야 합니다.

돈은 우리 삶을 보다 효과적으로 살아가기 위한 '도구'입니다. 그 도구를 어떻게 사용하느냐에 따라 우리의 삶은 완전히 달라질 수 있습니다. 그것은 마치 칼과도 같습니다. 칼은 요리를 할 때 유용한 도구지만, 잘못 다루면 위험할 수도 있습니다. 돈 역시 그렇습니다. 우리는 돈을 통해 더 나은 삶을 꿈꿀 수 있지만, 그 돈을 제대로 다루지 못하면 오히려 우리의 삶을 파괴할 수도 있습니다. 이 책은 돈을 현명하게 사용하는 법, 그리고 돈을 통해 어떻게 더 나은 삶을 살아갈 수 있는지를 이야기하고 있습니다.

이 책의 목적은 단순한 돈 공부를 넘어 삶에 필요한 기본 재정

마인드를 제시하는 것입니다. 저는 여러분이 이 책을 통해 돈에 대한 새로운 인식을 갖고, 더 나아가 자신만의 재정적, 경제적 자유를 찾을 수 있기를 바랍니다. 경제적 자유란 돈에 얽매이지 않고, 자신이 원하는 삶을 선택할 수 있는 상태를 말합니다. 그리고 실전적인 돈 공부를 하고, 더 나아가 그 첫걸음으로 돈을 통제 하고, 다스리는 법을 배우는 것입니다.

이 책을 통해 여러분이 돈과의 관계를 재정립하고, 더 나아가 행복한 삶을 살아가는 데 필요한 지혜를 얻고, 그 지식을 바탕으로 더 나은 선택을 할 수 있기를 진심으로 바랍니다. '돈'이라는 도구를 현명하게 사용하여, 여러분만의 풍요롭고 자유로운 삶을 설계해 나가기를 바랍니다.

"경제적 자유는 그것에 대해 배우고

노력하는 사람들에게 주어진다."

– 로버트 기요사키 –

1장

/

돈 공부의
필요성

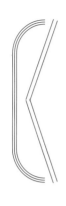

①
월급만으로는
부족한 세상

물가가 오르고 돈의 가치는 매년 떨어지는 현실 속에서, 우리는 왜 월급만으로 경제적 자유를 이루기 어려운지 고민해 볼 필요가 있다. 대부분의 사람은 안정적인 수입원인 월급에 의존하지만, 월급은 고정되어 있는 반면 우리의 지출은 계속 변동한다. 경제 상황에 따라 연봉이 소폭 오르기도 하지만, 물가와 생활비가 함께 오르기 때문에 실질적으로 남는 돈은 거의 없다. 과거에는 월급을 모으면 집을 사고 노후를 준비하는 게 가능했지만, 지금은 상황이 많이 달라졌다. 물가와 주거비, 생활비는 감당하기 어려울 정도로 높아졌기에, 단순히 월급만으로는 부족하다. 그렇다면 우리는 어떻게 해야 할까?

왜 월급만으로는 충분하지 않을까?

우리가 받는 월급은 고정되어 있어서 일정한 금액이지만, 우리의 지출은 그렇지 않다. 경제적 자유를 얻으려면 더 이상 월급에만 의존할 수 없는 게 현실이다. 그중 가장 큰 문제는 매년 돈의 가치가 떨어지고 있다는 사실이다. 예를 들어 오늘 식사 한 끼를 1만 원이면 해결할 수 있지만, 10년 후에는 같은 식사가 1만 5천 원, 혹은 2만 원이 될 가능성이 높다. 반면 우리가 받는 월급이 물가 상승률 만큼 오르지 않는다면, 우리의 구매력은 계속해서 줄어들게 된다.

이렇게 돈의 가치가 떨어지면, 이런 환경에서 월급만으로 미래를 대비하기가 점점 더 어려워진다는 것을 의미한다. 즉, 단순히 열심히 일하고 월급을 받는 것만으로는 부를 쌓고 경제적 안정을 이루기 어려운 시대에 살고 있다. 지금 당장 자산을 형성하거나, 미래를 대비해야 한다.

또한, 기술의 발전으로 인해 우리가 처한 경제적 환경은 불안정해지고 있다. 많은 직업이 사라지거나 변화하고 있고, 새로운 일자리가 창출되기도 하지만 언제나 불확실하다. 더 이상 안정적인 월급만으로 경제적 자유를 이루기 어렵다는 것을 인정하고,

이에 대한 대비책을 마련해야 한다. 따라서 단순히 직장에 의존하는 것이 아니라, 다양한 소득원을 마련하는 것이 필수적인 시대가 되었다. 그래서 많은 사람들이 추가 수익 창출 방법을 모색하고 자산 관리의 필요성을 깨닫고 있다. 그렇다면 우리는 어떻게 해야 경제적 여유를 만들 수 있을까?

최소한의 돈 공부를 시작해야 하는 이유

우리나라 고소득자 중 36%가 월급날만 기다리며 살아간다고 한다. 연봉이 높더라도 부채와 고정비 그리고 건강하지 못한 소비습관으로 인해 경제적 압박을 느끼며 살아가기 때문이다. 예를 들어, 국내 상위 소득층의 경우 높은 세금 부담과 상대적으로 적은 복지혜택 때문에 소득에서 충분한 저축과 투자를 하기 어렵다. 그리고 대출과 신용카드 사용이 생활의 필수적인 부분으로 자리 잡고 있고, 많은 사람들이 주택대출, 자동차 할부금, 카드대금 등으로 빚을 지고 있어 월급의 상당 부분이 이런 고정비와 채무 상환에 쓰이기 때문에, 연봉이 높아도 저축을 하지 못하고 월급날만 기다리며 생활하는 고소득자들이 늘고 있는 상황이다.

그럼, 경제적 여유를 만들기 위해 자산관리는 왜 중요할까? 우리는 더 이상 단순히 월급에 의존해 살아갈 수 없는 시대에 살고 있으며, 물가는 꾸준히 오르고, 인플레이션은 돈의 가치를 갉아먹고 있다. 오늘날의 경제 환경에서는 월급으로는 재정적 안정과 자유를 이루기가 어려워졌다. 그러므로 돈 공부를 통해 돈을 불리고, 이를 통해 더 나은 미래를 설계하고, 재정적인 자유를 얻고, 안정적인 노후를 준비해야 한다. 이는 우리가 미래에 대비하고 더 나은 삶을 설계하는 데 필요한 필수 과정이다.

그러나 사실 돈을 모을 수 있는 가장 효과적이고 빠른 수단은 우리가 매달 버는 월 소득인 월급이다. 월 소득을 제대로 활용하지 못하고 신용카드 대금이나 대출금 이자를 갚는데 다 써버린다면, 결코 경제적 자유의 상태로 갈 수 없다. 지금의 수입을 바탕으로 돈을 불려 나가는 것이 자산관리의 핵심이며, 특히 자산관리를 통해 복리 효과를 경험할 수 있게 되는데, 복리는 투자한 돈이 불어나면서, 원금과 이자가 시간이 지남에 따라 더 큰 수익을 가져다준다. 단순히 이자를 받는 것이 아니라, 그 불어난 금액이 다시 새로운 이자를 만들어내는 구조이다. 즉 자산을 통해 돈이 돈을 버는 시스템이다. 즉, 지금 빨리 시작할수록 나중에 더 큰 경제적 여유를 누릴 수 있다.

월급만으로는 부족한 세상에서 자산관리의 중요성

　월급만으로는 부족한 현실에서의 자산 관리의 중요성은 더욱 부각된다. 유명한 재정 전문가 데이브 램지는 "재정적 자유를 얻기 위해서는 소비 습관을 바꾸고, 자산을 효율적으로 관리하는 것이 재정적 자유를 이루는 첫 걸음"이라고 강조했다. 램지의 말처럼, 우리가 무작정 돈을 모으는 것만이 아니라, 어떻게 관리하고 어떻게 불려 나갈지에 대한 구체적인 계획을 세우는 것이 중요하다. 실제로 많은 사람들이 매달 월급을 받으면서도 재정적 목표를 이루지 못하는 이유는 돈을 어떻게 관리하고, 어떤 방식으로 자산을 불릴 것인지에 대한 구체적인 전략이 부족하기 때문이다.

　평균적으로 25세에 대학을 졸업하고, 65세 은퇴하기 전까지 연평균 수입이 5,000만 원 이라고 가정 한다면, 약 40년간 평생을 20억에 달하는 큰돈을 버는데도 학교에서는 돈을 관리하는 방법을 가르치지 않을 뿐더러 우리도 제대로 돈에 대해 배우지 못한채, 무지한 상태로 사회로 나와서 시행착오를 겪게 된다. 너무 어리석고 안타까운 현실이다. 돈 관리 방법은 경험을 통해 습득해야 하며 재정 관리 교육도 제대로 받아야 한다.

특히 오늘날의 경제 환경에서는 예금 금리가 낮아 단순히 은행에 돈을 맡기는 것만으로는 자산을 불리기 어렵다. 이에 따라 우리는 다양한 투자 방법을 배우고, 자신에게 맞는 투자 전략을 세우는 것이 중요하다. 예를 들어 저축, 주식, 펀드, 부동산 등의 저축과 투자는 자산을 증식시키는 좋은 방법이 될 수 있다. 다만, 중요한 것은 무작정 시작해서는 안 된다. 투자에 대해 제대로 배우고, 점진적으로 경험을 쌓아가면서 시행 착오를 겪어야 한다. 앞으로 이 부분에 대해서는 차차 다루기로 하겠다.

꾸준함이 답이다

자산 관리는 단기간에 큰돈을 벌수 있는 방법이 아니다. 중요한 것은 꾸준함이다. 큰돈을 한 번에 벌기보다는, 적은 금액의 돈이라도 꾸준히 저축하고 투자하면, 시간이 지날수록 그 효과는 크게 나타난다. 특히 복리 효과는 시간이 지날수록 눈에 띄게 작용한다. 그리고 무엇보다 중요한 것은 돈에 대한 올바른 마인드를 가지는 것이다. 단순히 돈을 많이 벌어서 행복해지는 것이 아니라, 내가 원하는 삶을 살기 위해 돈을 관리하고, 자산을 어떻게 늘려갈 것인지 고민해야 한다. 돈은 내가 원하는 삶을 살아가는데 필요한 도구이다. 나의 가치를 제대로 알고, 나의 목표를 명확히 세워서 최소한의 돈공부와 자산관리를 시작하자. 이는 우리가 돈에 끌려다니지 않고, 능동적으로 자산을 관리할 때 언젠가 좋은 결실을 볼 수 있다.

실천할 수 있는 방법들

이제 자산관리를 시작하고자 하는 사람들을 위해 몇 가지 실천 가능한 방법을 간단하게 제시하고자 한다.

1. **지출 기록하기**: 매일 내가 쓰는 돈을 기록하는 습관을 들이자. 작은 지출도 놓치지 말고 꼼꼼하게 적어두는 게 중요하다. 그렇게 꼼꼼하게 기록하면 불필요하게 돈이 빠져나가는 곳을 쉽게 파악할 수 있다. 좋은 예로 가계부를 작성하거나, 작은 수첩을 가지고 다니면서 수시로 적어보자. 핸드폰에 앱을 이용해서 적는 것도 좋은 방법이다. 이렇게 그때그때 작은 지출도 놓치지 않고 기록하면, 불필요한 지출을 파악하고 관리 하는데 큰 도움이 된다.

2. **저축 습관 들이기**: 월급의 일정 비율을 저축하는 습관을 들여보자. 처음에는 10%라도 괜찮다. 중요한 건 꾸준히 저축하는 습관을 기르는 것이다. 유튜브 동영상이나 SNS에서 찾아보면 많은 주부들이 수입 중 일부 현금을 재미있게 나누어서

모으는 영상이 많이 올라온다. 작은 행위가 엄청난 성취감을 주고, 매일 꾸준히 할 수 있는 동기부여를 준다. 목표나 목적에 따라 다르게 매일, 매주, 매달의 기간을 정해서 아이들의 놀이처럼 그렇게 나만의 저축 습관을 만들어 가보자.

3. **투자 공부하기:** 투자는 큰돈만을 대상으로 굴리는 것이 아니다. 적은 금액부터 배워가면서 시작하는 것이 중요하다. 책이나 인터넷 강의를 통해 기초적인 지식을 쌓아가고, 자신에게 맞는 투자 방식을 찾아보는 것이 중요하다.

4. **목표 세우기:** 구체적인 재정 목표를 세우고, 그 목표를 이루기 위해 필요한 금액과 기간을 계산해보자. 목표가 명확하면 그에 맞춰 자산 관리를 계획할 수 있고, 실천 가능성도 높아진다. 예를 들어 여름 휴가 비용 마련하기, 비상금 마련하기 등 필요에 따라 목표를 세워서 성취해 보자. 더 구체적인 목표설정 방법은 뒷장에서 자세히 다루기로 하겠다.

월급만으로는 살아가기 어려운 시대에 직면해 있는 우리 모두에게 이제 자산 관리는 선택이 아닌 필수이다. 지금 당장 시작하는 것이 미래의 나를 위한 최고의 투자다. 조금씩 실천하면서, 꾸준히 자산을 관리하고 늘려가다 보면, 어느 순간 경제적 자유를 이룬 자신을 발견할 수 있을 것이다. 이는 단순히 재정적인 안정을 넘어, 우리가 원하는 삶을 살아가는 데 필수적인 과정이다.

" 지식에 대한 투자는 최고의 이익을 가져다준다."

– 벤자민 프랭클린 –

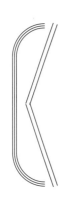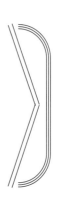

②
인플레이션에
대비하는 지혜

한국 경제 역사 속에서 인플레이션은 몇 차례 주요한 시기를 겪었는데, 각각의 인플레이션은 그 당시의 경제적 요인들에 의해 유발되었으며, 많은 경우 외부 경제 상황이 더 큰 영향을 미쳤다.

특히, 1997년 아시아 금융 위기는 한국 경제에 큰 충격을 안겨 주었고, 이 위기로 인해 원화의 가치가 급락하고 수입 물가는 천정부지로 치솟았다. 그 결과 인플레이션이 급등했으며, 한국 정부는 국제통화기금(IMF)으로부터 구제 금융을 받아 경제를 안정화시키려 노력 했지만, 단기적으로 소비자 물가 상승을 피하기는 어려웠다. 이 시기의 인플레이션은 원화 가치 하락과 외부금융 의존성에 따른 것이었으며, 위기 극복 이후 경제 안정화를 위해 강력한 구조 조정이 이루어졌다.

2008년 글로벌 국제 금융 위기 때도 한국의 인플레이션이 상승했다. 원화가 다시 약세를 보였고, 글로벌 원유가가 상승함으로 인해 수입 물가가 높아져 '비용 인상형 인플레이션'이 발생했다. 이 시기의 인플레이션은 주로 외부 원유 가격과 같은 수입 비용의 상승에 기인한 것으로, 한국 경제의 에너지 수입 의존성이 주요 요인이 되었다.

최근에는 코로나19 팬데믹 이후로 전 세계적인 공급망 문제와 에너지 가격 상승으로 인해 2022년 한국의 인플레이션은 약 5%에 이르렀고, 이는 10여 년 만에 최고 수준이었다. 특히 에너지와 원자재 수입에 크게 의존하는 한국 경제에 큰 부담이 되고 있다.

이러한 사례들은 한국이 글로벌 경제와 밀접하게 연관되어 있으며, 외부 경제 환경의 변화가 인플레이션에 큰 영향을 미친다는 점을 보여 준다.

돈 공부를 시작하는 왕초보 어른들에게도 이런 인플레이션의 대비는 꼭 필요하다. 인플레이션은 돈의 가치가 줄어드는 현상이라서, 아무 대비 없이 지출과 저축만 반복하다 보면 우리의 돈이 실질적으로는 점점 줄어드는 결과를 낳기 때문이다. 다행히 인플레이션에 대한 대비는 복잡할 필요가 없고, 몇 가지 핵심 전략만 알면 누구나 쉽게 실천할 수 있다.

현금만으로 두지 않기

물가 상승으로 인해 우리의 저축 가치가 떨어지는 것을 막기 위해서는 단순히 돈을 은행에 넣어두는 것만으로는 인플레이션을 이겨내기 어렵다. 예금을 그대로 두면, 인플레이션으로 인해 물가가 오를 때 돈의 가치도 떨어진다. 따라서 다양한 방식으로 현금을 나누어 투자하는 것이 중요하다. 이렇듯 저축의 일부를 안정적인 투자 상품으로 돌려보자. 예를 들어, 물가 상승을 반영하는 물가연동 채권(국가가 물가에 맞춰 이자를 조정해 주는 상품)이나 배당주처럼 정기적으로 수익을 주는 주식에 소액 투자할 수 있다. 이런 상품들은 돈의 가치를 지켜주는 역할을 한다.

안전 자산과 위험 자산의 균형을 잡자

하나의 자산만 믿고 투자하면 경제 변화에 따라 크게 손실을 볼 수 있다. 우리가 할 수 있는 첫 번째 단계는 자산을 분산하는

것이다. 조금씩 여러 자산에 분산 투자해야 한다. 예를 들어 일부
는 예금에, 일부는 부동산 펀드나 우량 주식으로 나누는 것이다.
이렇게 자산을 분산하면 경제 상황에 따른 리스크를 줄이면서 인
플레이션에 대비할 수 있다.

　먼저 우량 주식은 장기적으로 기업이 성장하면서 그 가치가 상
승할 가능성이 높아 인플레이션을 상쇄할 수 있다. 물론 주식의
단기적인 변동성은 있지만, 장기적으로는 매우 효과적인 투자 전
략이 될 수 있다. 부동산 역시 물가 상승에 따라 가치가 함께 오
르는 경향이 있어 좋은 자산으로 꼽힌다. 특히 임대 수익을 창출
하는 부동산은 매달 꾸준한 소득을 제공하기 때문에 인플레이션
속에서도 자산을 지킬 수 있는 좋은 방법이 될 수 있다.

　인플레이션을 대비하기 위해서는 위험 자산뿐만 아니라 안전
자산에도 일부 자산을 투자하는 것이 중요하다. 예를 들어 금은
오랫동안 안정적인 자산으로 여겨져 왔고, 인플레이션 시기에 그
가치가 상승하는 경향이 있다. 따라서 자산의 일부를 금에 투자
하면 경제적 불안정 속에서도 우리의 자산을 보호하는 데 도움이
될 수 있다. 하지만 경제적 불확실성 속에서도 안정성과 수익성
을 동시에 고려한 자산 배분 전략을 세우는 것이 더 절실하다.

소득을 늘리는 자기개발의 중요성

물가가 오르면 생활비도 함께 증가하기 때문에 지금 수준의 소득으로는 어쩌면 생활이 어려워질 수 있다. 자산을 분산하는 것만큼 중요한 것이 소득을 늘리는 자기개발이다. 인플레이션이 발생할 때, 물가가 상승하면 우리의 구매력은 감소하게 된다. 따라서 물가 상승에 맞서기 위해 소득을 늘려야 한다. 단순히 더 많은 돈을 벌기위해서만이 아니라, 미래의 불확실성을 대비하고 더 나은 삶을 위해 발전해 나가는 것이 목표다.

자기개발은 새롭게 배우는 기술이나 지식을 통해 가능하다. 최근에는 온라인 강의, 독서 등을 통해 쉽게 새로운 분야의 기술을 배울 수 있으며, 관심 있는 분야에서 부업을 할 수도 있다. 이러한 작은 도전이 모여 우리의 미래를 더욱 풍요롭게 만들 수 있다.

현금 흐름을 늘릴 수 있는 자산 만들기

현금 흐름은 영어로 'Cash Flow'라는 경제 용어로 개인이나 회사가 벌어들이는 수입과 지출의 현금 흐름을 의미하는 말이다. 구체적으로는 한 달이나 한 해 동안 들어오는 돈과 나가는 돈의 흐름을 나타내는 말인데, 쉽게 말해 현금이 얼마나 잘 들어오고 나가는지를 보여주는 지표이다. 현금 흐름의 종류들을 살펴보면, 다음과 같다.

'액티브 소득(노동소득)'은 우리가 직접적 으로 일하거나 시간을 투자해서 얻는 소득을 말한다. 예를 들어 월급, 자영업자, 전문직, 프리랜서 수입, 아르바이트 소득 등이 이에 해당한다. 직접 일하면서 얻는 수입이기 때문에, 노동소득은 일하지 않으면 소득도 멈추는 특징이 있다.

'포트폴리오 소득'은 주식, 채권, 부동산 등 다양한 투자 자산에서 매매 차익이나 배당금 형태로 들어오는 수익이다. 예를 들어, 주식 투자에서 매매를 통해 수익을 얻거나, 펀드에서 배당을 받는 것이 포트폴리오 소득에 해당된다.

'사업소득'은 사업을 통해 발생하는 소득으로, 큰 기업이나 회사, 온라인 사업을 통해 꾸준히 발생하는 수익이다. 사업이 잘 운영되는 시스템이 구축되면, 일하지 않아도 소득이 발생할 수 있지만, 초반에는 사업 구축과 관리에 많은 시간과 노력이 필요할 수 있다.

'패시브 소득(수동적 자산소득)'은 현금 흐름의 한 종류로 많은 백만장자들이 가장 강조하는 현금 흐름 수입이다. 본인이 직접적으로 일하지 않아도 꾸준하게 발생하는 소득을 말하는 데. 패시브 소득은 유, 무형의 자산을 통해 꾸준하게 들어오는 수입으로, 주식 배당금, 임대료, 저작권료, 이자 수익 등이 여기에 포함된다. 현금 흐름을 만들기 위해 패시브 인컴은 매우 중요한 요소 중 하나다.

현금 흐름은 단순히 돈이 들어오고 나가는 양을 측정하는 것뿐만 아니라, 수입을 어떻게 잘 관리하고 늘려 나갈지를 파악하는 데 중요하다. 패시브 소득과 액티브 소득이 잘 조화를 이루면서, 자산을 늘리고 재정적 안정성을 높일 수 있는 다양한 현금 흐름을 확보하는 것이 바람직하다.

우리 왕초보 돈 공부 어른들이 경제적으로 안정적인 삶을 살기 위해서는 꾸준히 들어오는 현금 흐름을 만들어 나가야 한다. 현금 흐름이 안정되면, 매달 필요한 생활비와 여유 자금이 충분히 충족된다는 의미이며, 스트레스 없이 재정적으로 건강한 생활을 이어가는 데 중요한 요소가 된다. 만약 인플레이션이 발생할 때 현금 흐름이 없다면, 가진 자산의 가치만 점점 줄어들게 될 것이다.

인플레이션 대비는 꾸준한 실천에서 시작된다

결국 인플레이션을 대비하는 방법은 어쩌면 단순하다. 우리가 해야 할 일은 자산을 현명하게 분산 투자하고, 소득을 늘리기 위해 자기개발에 힘쓰며, 장기적인 시각을 가지고 꾸준히 실천하면 된다. 왕초보라도 인플레이션 대비가 꼭 필요한 이유는, 이 대비가 없으면 우리의 자산이 갈수록 줄어드는 결과를 초래할 수 있기 때문이다. 특히 지금처럼 인플레이션이 발생할 때는, 예전의 저축 습관만으로는 우리 자산의 가치를 지키기 어려워질 수 있다. 적은 금액의 돈이라도 적절히 투자하고, 새로운 지식을 쌓아 소득을 늘리는 노력을 하는 것이 미래의 경제적 안정에 큰 도움이 될 수 있다. 이렇게 꼭 필요한 요소들부터 시작하면, 복잡하지 않게 인플레이션에 대비를 할 수 있을 것이다.

"성공은 당신이 얼마나 많은 돈을 버느냐가 아니라,
다른 사람들의 삶에 얼마나 영향을 미치느냐에 달려 있다."
– 미셸 오바마 –

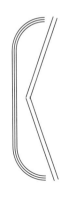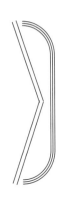

③
65세 은퇴후
20년을 준비하는 법

한국에서 노후 생활을 위해 필요한 자금을 결정하는 데는 여러 요인이 있다. 기본적으로 기대수명, 물가 상승률, 그리고 생활비가 중요한 요소로 작용한다. 현재 한국인의 기대 수명은 평균 약 85세로, 65세에 은퇴한다면 그 후 20년 동안의 생활비를 준비해야 한다.

보건복지부와 국민연금공단 등의 조사에 따르면, 중산층 노년층의 최소 생활비는 개인 기준으로 월 약 124만 원, 부부 기준으로는 월 약 204만 원 정도가 필요한 것으로 추산된다. 이를 기준으로 20년간 생활자금을 계산해보면, 최소 약 3억 원에서 5억 원

이상이 필요하다. 이는 의료비나 예상치 못한 긴급 자금의 지출은 포함하지 않은 금액으로, 안전한 은퇴 생활을 위해서는 더 큰 자금이 필요할 수 있다.

현재 한국 국민연금의 월평균 수급액은 약 65만 원이며, 이것은 개인 한 명이 받는 평균 금액이다. 즉, 부부 두 명이 각각 국민연금을 받는 경우라면 월 평균 총 130만 원이 된다. 다만 개인마다 연금 가입 기간과 납입 금액에 따라 수령액에 차이가 있다. 국민연금 수령액은 본인이 납입한 연금액과 가입 기간에 따라 달라지며, 일반적으로 최소 10년 이상 국민연금에 가입하고 보험료를 납입해야 연금을 받을 수 있다.

예를 들어, 월 10만 원씩 20년 동안 납입 했을 때, 가입 기간과 당시 소득 수준에 따라 국민연금에서 받을 수 있는 수령액은 약 97만 원 정도이며, 일반적으로 20년 이상 꾸준히 납부했을 때 월 수령액은 올라간다. 수령액을 최대화하려면, 가입 기간을 길게 유지하고 소득 대비 높은 보험료를 납부하는 것이 중요하다. 현재는 60세에 납입을 마치고 5년 후인 65세부터 국민연금을 수령할 수 있으며, 수령은 사망할 때까지 평생 지급된다. 연금액 산정 방식과 가입 기간별 예상 수급액은 국민연금공단 홈페이지에서 '연금 예상액 조회' 서비스를 통해 확인할 수 있다.

한 번 상상해 보자. 65세가 되어 은퇴한 후, 남은 20년 동안 아무런 계획이 없다면 어떨까? 은퇴 후의 시간은 생각보다 길고, 그 동안 경제적인 불안과 사회적인 고립 속에서 살아가야 한다면, 과연 지금까지 누렸던 삶의 질을 유지할 수 있을지 의문이다. 2021년 기준, 국민연금연구원의 연구에 따르면 65세 이상 노인 중 50% 이상이 빈곤층에 속하며, 한국은 현재 OECD 국가 중 노인 빈곤율과 자살율이 가장 높은 나라다.

이 수치들이 단순한 통계로 보이지만, 사실 우리도 그 통계 속한 사람이 될 수 있다. 특히 아무런 준비 없이 은퇴를 맞이한다면, 남은 20년을 어떻게 보낼지 생각만 해도 막막해 진다. 이러한 상황을 개선하기 위해 노후 준비에 대한 인식 개선이 요구되며, 국민연금 외에 개인 연금 및 추가 자산 관리를 통해 안정적인 노후를 준비하는 것이 꼭 필요하다.

미국의 경우 통계에 따르면 이 연령층의 개인 파산율이 지난 10년간 200% 이상 증가 했으며, 퇴직 후 경제적 여유를 가진 사람들은 매우 소수이며, 65세 이상의 고령층 중 절반 이상이 여전히 일하고 있으며, 한 달에 60만 원 이상 지출할 경제적 여유가 없다고 밝혔다. 백발이 될 때까지 하기 싫은 일을 계속해야 한다면 얼마나 끔찍할까? 그래서 돈은 정말 중요하다. 경제적으로 여유롭고 행복한 노후를 맞이하고 싶다면 '계획'이 필요하다.

　현재 우리나라도 마찬가지로 많은 근로자가 노후 준비에 어려움을 겪고 있다. 금융연구원의 조사에 따르면 한국의 근로자 중 상당수가 노후자금이 부족한 상황에 직면하고 있다고 한다. 특히 한국개발연구원(KDI)의 연구는 중산층조차 노후 생활에 필요한 자금을 충분히 마련하지 못하고 있으며, 은퇴 후 최소한의 생활비도 확보하기 힘들다는 우려가 크다는 결과를 보여 주었다.

　또한, 국민연금의 지급액만으로는 안정된 노후 생활을 보장하기 어려워 별도로 개인연금을 포함한 자산을 마련할 필요성이 강조되고 있다. 하지만 고령화와 소득 불평등 심화로 인해 실제로 저축을 지속하기 어려운 이들도 많으며, 전체 가구의 약 40%가 은퇴자금 계획조차 세우지 못한 것으로 나타났다. 이러한 상황은 여러 선진국과 유사하지만, 한국은 더 심각한 고령화 문제와 높은 생활비로 인해 노후 준비가 특히 더 어렵게 느껴지는 상황이다.

　사실 20대부터 40대까지는 돈을 벌고 소비하며 살아가는 눈앞에 일상에 집중하느라 미래에 대한 대비를 하기가 어려울 수 있다. 하지만 은퇴 이후의 삶은 우리가 생각하는 것보다 훨씬 길고,

경제적 부담도 예상보다 크게 다가온다. 65세 이후 은퇴 후 남은 20년을 어떻게 준비할 것인가에 대한 질문은 누구에게나 맞이하는 현실적인 문제다. 많은 사람들이 노년기에 들어서면 건강 문제뿐만 아니라 재정적 압박으로 인해 어려움을 겪게 된다.

특히 한국은 고령화 속도가 빠르게 진행되면서, 노인 빈곤율이 OECD 국가 중 가장 높은 38.9%에 이르며, 고령화 속도가 매우 빨라 향후 문제가 더욱 심화될 가능성이 크다. 현재 한국의 중장년층은 공적연금에 대한 불안감을 느끼며 점점 더 많은 사람이 연금 외에도 스스로 준비하려는 노력을 하고 있다.

65세 이상 인구의 절반 가까이가 빈곤 상태에 처해 있다는 사실은 우리 사회가 얼마나 심각한 문제를 안고 있는지를 보여준다. 그저 지금 열심히 일하고 소비하며 살아가는 것만으로는 충분하지 않다. 이러한 경제적 어려움의 주요 원인 중 하나는 은퇴 준비 부족에서 비롯된다. '65세 이후의 삶을 대비하는 것'은 단순한 재정 관리 그 이상을 요구한다. 이는 우리의 삶을 통제할 수 있는 힘을 기르는 과정이 될 것이다.

위기가 현실이 되기 전에 준비해야 한다.

한국의 노인들이 직면한 재정적 어려움은 크게 두 가지 요인에서 비롯되는데, 첫째는 자녀 교육에 과도한 비용을 지출하는 것이고, 둘째는 조기 은퇴로 인한 경제 활동 중단이 그 원인이다. 한국 사회는 전통적으로 자녀 교육에 큰 비중을 두고 있으며, 이는 많은 부모들이 자신의 은퇴 자금을 충분히 마련하지 못하는 이유가 된다. 또한, 대기업 중심의 연금제도는 비정규직이나 자영업자 등 많은 이들에게 충분한 사회적 안전망을 제공하지 못하고 있다. 그 결과, 많은 노인들이 저임금의 비공식적인 일자리를 찾으며 노년기를 보내고 있다.

이렇게 자녀 교육과 가정 경제에 대부분의 자원을 투입하는 한국의 현실 속에서 노후 자금을 따로 마련하기란 쉽지 않다. 하지만 이제는 그 흐름을 바꿔야 한다. 지금부터 저축을 시작하고 불필요한 소비를 줄이며 투자에 눈을 뜨는 것이 중요하다.

또한, 한국의 전통적인 가족부양 문화는 급변하는 사회 속에서 점차 약화되고 있다. 과거에는 자녀들이 부모를 부양하는 것이 일반적이었으나, 현대에 이르러 여성들의 경제활동 참여가 늘어나면서 이러한 가족 부양의 역할이 줄어들고 있다. 동시에, 국가의 연금 시스템도 모든 사람을 포괄하지 못하고 있어, 많은 노인들이 경제적 지원 없이 힘든 삶을 살아가고 있다.

　이런 사회적 현실 속에서, 개인의 노후 준비는 그 어느 때보다 중요해지고 강조 되고 있는데, 단순한 저축이나 연금만으로는 충분하지 않다는 것을 인식하고 다양한 방법으로 경제적 준비를 해야 할 필요가 있다. 은퇴 이후의 경제적 안정을 위해서는 지금부터 계획을 세우고, 자산을 효율적으로 관리하는 방법을 익혀야 한다. 준비되지 않은 노후를 맞이한다면 어쩌면 생각보다 오랫동안 하기 싫은 일을 계속해야 할 수 있다.

　이 책은 이러한 문제의식을 바탕으로, 경제적 자립을 위한 실질적인 조언을 제공한다. 특히, 누구나 쉽게 따라할 수 있는 저축과 소비 관리, 그리고 소액 투자 방법을 다루어, 65세 이후의 삶을 더욱 안정적이고 행복하게 만들기 위한 길을 안내할 것이다.

누구나 따라 할 수 있는 간단한 실천 방법

1. 자동 저축을 설정하자

　많은 사람들이 저축을 어려워하지만, 사실 아주 간단한 방법으로 시작할 수 있다. 현재 사용하고 있는 은행 앱에서 자동이체 기능을 설정해보자. 월급을 받는 날 일정 금액을 저축 계좌로 자동

이체되게 하면, 저축이 부담이 아닌 습관이 될 수 있다.

2. 소비 패턴을 점검하자

한 달 동안 자신의 소비 내역을 기록해보자. 그 지출이 정말 필요한 것이었는지 돌아보고, 불필요한 소비를 줄이는 작은 도전을 시작하자. 예를 들어, 한 달 동안 외식을 줄이고 집에서 식사를 해보거나, 매일 사 먹는 커피를 줄이는 것도 좋은 시작이 될 수 있다.

3. 소액 투자를 시작하자

요즘에는 오천원, 만원으로도 펀드나 주식을 시작할 수 있는 플랫폼이 많다. 처음부터 큰돈을 투자하는 것이 아니라, 소액이라도 꾸준히 투자하면서 경제적 지식을 쌓고, 그 과정에서 조금씩 투자를 늘려가는 방법을 배워보자. 이는 미래의 경제적 자유를 위한 첫 걸음이 될 수 있다.

4. 추가 수입 창출 방법을 찾아보자

자신의 경험과 지식을 활용해 부가적인 수입을 창출할 방법을 모색해보면 어떨까? 예를 들어, 온라인에서 강의를 시작하거나, 소규모 사업을 시작하는 것도 좋은 방법이다. 또 다른 방법으로는 은퇴 후에도 일할 수 있는 직업을 미리 준비하는 것이다. 직업

교육이나 자격증 취득 등을 통해 새로운 분야에 도전해보자.

5. 구체적인 은퇴 후 목표를 구체적으로 하자

은퇴 후 단순히 '쉬는 것'이 아니라, 이루고 싶은 작은 목표를 설정해보자. 여행을 가거나, 봉사 활동을 하거나, 그동안 미뤄왔던 취미를 시작해보는 것도 좋다. 자신의 삶을 더욱 풍요롭게 만들어줄 수 있는 활동들을 찾아보면 어떨까?.

노후 준비는 곧 나의 미래를 준비하는 일

우리는 평균수명 85세 시대를 살아가고 있다. 65세에 은퇴한 후 남은 20년은 그저 시간이 흘러가는 대로 내버려 두어서는 안 된다. 은퇴 이후의 삶을 어떻게 준비하느냐에 따라 그 시간은 달라질 것이다. 지금부터 작은 행동의 변화를 시작해야 한다. 작은 저축, 불필요한 소비 줄이기, 소액 투자, 그리고 마음의 준비. 이 모든 것이 모여 우리의 미래를 더욱 안정적이고 풍요롭게 만들어줄 것이다. 지금부터 준비하자. 결코 늦지 않았다.

이 글을 통해, 우리는 결코 혼자가 아니라는 것을 느낄 수 있다. 많은 사람들이 같은 고민을 하고 있으며, 이 책을 통해 함께 해결책을 찾아갈 수 있을 것 이다.

" 경제적 독립은 당신이 할 수 있는 최고의 선물이다."

– 워렌 버핏 –

④
재정적 자유를 향한
부자 마인드의 핵심원칙

　재정적 안정과 자유는 누구나 꿈꾸지만, 이를 현실로 만들기 위해서는 일상의 돈 관리부터 통제력을 갖춰야 한다. 진정한 재정적 자유는 돈에 끌려 다니지 않고, 자신이 주도적으로 돈을 관리하며 삶을 설계할 수 있는 상태이다. 돈을 쫓는 과정에서 진정한 자유의 의미를 놓치는 경우가 많다. 재정적 자유는 부를 쌓는 것이 아니라, 돈을 효율적으로 관리하며 자신의 시간과 삶을 통제할 수 있는 능력을 기르는 데 있다. 이렇게 재정 관리의 통제력을 기른 후에는 돈은 자동으로 불어나고 누구나 꿈꾸는 경제적 자유를 이룰 수 있다.

이 글에서는 재정적 자유로 가는 5가지 부자 마인드를 살펴보려 한다. 이 원칙들을 바탕으로 누구나 실천 가능한 돈 관리 방법을 배워 더 나은 재정적 안정에 도달할 수 있다. 복잡한 경제 지식 없이 부자 마인드를 장착해서 더 자유롭고 행복한 삶을 향해 한 걸음씩 나아가길 바란다.

1. 돈을 주도적으로 관리하라

재정적 안정의 첫걸음은 돈을 관리하는 주체가 자신이라는 것을 깨닫는 것이다. 돈이 나를 통제하는 것이 아니라, 내가 돈을 어떻게 사용할지 주도적으로 결정해야 한다. 예를 들어, 물건을 살 때 "이것이 나에게 꼭 필요한가?"라는 질문을 던져 보자. 이는 내가 중요하게 여기는 가치와 소비 패턴을 일치시키는 데 도움을 주며, "이것이 내 삶에 진정 필요한가?"라는 질문은 불필요한 소비를 줄이고, 돈을 더 현명하게 사용할 수 있게 되어서 돈 관리의 주도권을 스스로 가지게 된다.

2. 균형 잡힌 자산 배분을 실천하라

재정적 안정으로 가는 또 하나의 중요한 원칙은 자산을 다양한 분야에 나누어 분산하는 것이다. 예를 들어, 2008년 금융위기 당시 많은 사람들이 주식과 부동산에만 의존해서 큰 손실을 본 사례를 통해 우리는 자산을 주식, 채권, 부동산, 현금 등 다양한 분야에 나누어 투자하는 것이 필요하다는 교훈을 배울 수 있었다. 다양한 자산에 분산 투자하면 리스크를 줄일 수 있으며, 갑작스러운 경제적 충격에도 대비할 수 있기 때문이다. 이처럼 균형 잡힌 자산 배분은 재정적 안정의 기초이며, 장기적인 경제 계획을 세우는 데 중요한 기초가 된다.

3. 시간을 통제하라

돈을 많이 버는 것만으로는 재정적 자유가 완성되지 않는다. 여기에는 시간의 자유도 포함된다. 아무리 많은 돈을 벌어도 모든 시간을 그 돈을 버는데 쏟아부어야 한다면, 진정한 자유라 할 수 없다. 로버트 기요사키가 그의 책 '부자 아빠, 가난한 아빠'에서 설명했듯이, 자산이 스스로 돈을 벌어주는 시스템을 구축함으로써 시간을 자유롭게 사용할 수 있는 것이 재정적 자유의 핵심이라 설명한다. 나의 시간을 내 마음대로 쓸 수 있게 되는 것, 그것이 진정한 재정적 자유의 본질이며, 우리가 갖추어야 할 부자 마인드 이다.

4. 감정에 휘둘리지 않고 계획적으로 소비하라

재정적 자유를 향해 나아가려면 계획적인 소비 습관이 필요하다. 순간적인 충동에 의해 소비를 하게 되면 재정적 압박을 받게된다. 데이브 램지의 '토탈 머니 메이크오버'는 즉흥적이고 감정적인 소비를 줄이고, 계획적으로 소비하는 것이 부를 쌓는 데 중요하다고 강조한다. 램지는 소비를 줄이는 습관이 재정적 자유로가는 중요한 길목임을 강조한다. 재정적 자유를 달성하기 위해서는 계획적인 소비와 소득에 맞는 지출이 필수적이다.

계획없이 순간적인 충동에 의해 소비를 하면 재정적 압박을 받기 쉽다. 감정에 휘둘리지 않고 지출 계획을 세우고 이를 따를때, 재정적인 안정뿐만 아니라 마음의 평화도 얻을 수 있다. 따라서 소비를 계획하고 소득에 맞는 지출습관을 유지한다면, 돈에대한 긍정적인 태도를 유지할 수 있고, 스스로의 소비 습관을 통제할 수 있게 되며 이때, 재정적 자유로 나아가는 길이 열린다.

5. 장기적인 재정 계획을 세워라

재정적 자유는 지금만을 위한 것이 아니라, 인생의 길고 안정된 미래를 위한 것이다. 이를 위해서는 장기적인 재정 계획을 세우는 것이 매우 중요하다. 은퇴 이후에도 안정적이고 안락한 삶을 위해 자산을 관리하고, 꾸준히 투자를 통해 자산을 증식하는 습관을 가져야 한다. 비록 적은 금액이라도 매달 저축하고 장기적인 투자를 통해 미래를 대비하는 것이 재정적 자유를 실현하는 데에 중요한 기반이 되기 때문이다.

이 다섯 가지 원칙은 복잡한 경제 지식 없이도 누구나 쉽게 실천할 수 있는 내용들로, 재정적 안정을 위한 중요한 출발점이다. 핵심은 꾸준함과 계획성에 있으며, 작은 실천이 쌓여 재정적 안정을 이루는 데 중요한 역할을 한다. 이 원칙들을 통해 나의 부자 마인드를 장착하고 한 발씩 재정적 자유에 가까워질 수 있다.

" 얼마나 많은 돈을 버는지가 아니라,
얼마나 많은 돈을 지키는지가 중요하다."

– 로버트 기요사키 –

2장

/

과거의 선택에 대해 책임지기

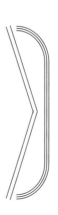

①
빚에 대한
잘못된 상식

우리가 평균 25세부터 65세까지 일할 수 있다고 가정할 때, 임금 인상을 감안하지 않고 단순하게 평균연봉을 5,000만 원이라고 가정 해보자. 그러면, 한 가정이 약 20억(맞벌이 가정은 약 40억)에 가까운 돈을 벌게 된다. 평생 이렇게 큰돈을 버는데도 학교에서는 돈을 관리하는 방법을 가르치지 않는다. 그러니 우리는 돈과 재정 관리에 대해 너무나 무지한 상태로 사회로 나왔고 어른이 된 것이다.

그러나 세상에는 건강한 돈 관리 습관으로 안정된 생활을 하며 노후의 철저한 준비가 된 사람들과 성공적인 투자로 자수성가

한 사람들도 많이 있다. 하지만 안타깝게도 대부분은 우리처럼 재정 관리를 제대로 하지 못해 힘들게 살아가고 있는 사람들이 많다.

이러한 현상이 발생한 이유는 우리 사회가 만들어놓은 잘못된 빚에 대한 인식 때문이다. 주변 대부분의 사람들이 무분별하게 카드를 쓰고 자동차를 할부로 구입하며 살아가고 있기 때문에, 우리는 어리석은 일임을 알면서도 사회가 만들어놓은 잘못된 이미지와 속설에 빠져 그릇된 판단을 내리곤 했다.

빚을 권하는 사회에 살고 있으면서 무의식적으로 나도 모르게 형성되고 고착되어 온 나의 소비 습관과 빚에 대한 관점을 깨닫고 깨우치는 데까지 엄청난 시간이 걸렸다. 그리고 그 잘못 만들어진 소비 습관을 고치고 변화시키기 위한 피나는 노력의 시간이 지나고 이제 주변을 둘러보니, 예전의 나와 같은 상황에 있지만 여전히 위기의식을 느끼지 못하고 힘들고 어렵게 살아가고 있는 사람들에게 나의 경험을 나눠주고 싶다. 그들이 진정한 삶의 주인의식을 찾을 수 있도록 돕고 싶다.

새로운 일에 도전해 돈을 벌고, 재정 관리를 통해 부자가 되기 위해서는 우선 내가 과거에 했던 행동에 대한 책임을 져야 한다.

또한 돈을 어떻게 관리하고 지출할지에 대한 습관을 돌아보고, 내면 깊이 자리 잡은 소비와 빚에 대한 사회적 인식을 비판적으로 바라볼 필요가 있다.

대부분의 사람이 신용카드 없이 살거나 할부 없이 사는 것이 불가능하다고 생각한다. 빚 권하는 문화에 반복적으로 노출된 결과 대출금 없이 사는 삶이 얼마나 자유로울지 상상도 하지 못한다. 이유도 생각해보지 않은 채 오랫동안 왜곡된 논리와 합리화로 인해 배울 만큼 배운 사람들도 이 행렬에 참여하는 이유다. 이글을 읽고 깨달음을 얻어 자신의 삶을 주도적으로 이끌어 돈으로부터의 자유를 찾아 나서는 용감한 어른이 되길 바란다.

"빚은 당신이 아닌 은행만 배불린다."

- 데이브 램지 -

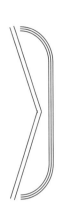

②
먼저 예산안
세우기

부채를 정리하는 일은 부를 쌓기 위한 첫걸음이자, 내가 과거에 한 선택에 대해 책임을 지는 것이다. 마치 무거운 짐을 하나씩 내려놓는 과정이기도 하다. 많은 사람들이 과거의 잘못된 선택이나 예상치 못한 상황으로 인해 무거운 부채에 시달리며, 매일매일 숨 막히는 삶을 살아간다. 빚이 없는 사람은 절대 알 수 없는 감정이다. 하지만 그 무게를 짊어지고 사는 것이 스스로가 선택한 길임을 인정하는 것이 문제를 해결할 수 있는 첫걸음이 될 것이다. 늦지 않았다. 배우면 된다. 지금이라도 시간을 내어서 매일 조금씩 돈에 대해, 재정에 대해 배워나가자. 과거에 내가 했던 그 선택들에 대한 책임을 지고, 지금부터는 다시 배우는 어른이 되

자. 너무 늦은 때는 없다. 지금까지의 내 삶에 만족하지 못했다면 지금도 늦지 않았다.

지금부터는 상당한 집중력이 필요하다. 어렵고 힘든 삶에서 벗어나 앞으로 당당하고 멋진 삶으로 나아가기 위해서, 매달 나의 수입 안에서 지출하고 소비하며 살아가기 위한 예산안을 세워야 한다. 성공학의 대가인 브라이언 트레이시는 2년간 하버드대학교 졸업생들을 조사했는데, 글로 정리된 뚜렷한 목표를 가진 3%의 졸업생이 나머지 97%의 졸업생들의 재산을 모두 합친 것보다 더 많은 재산을 모았다고 발표했다. 은퇴하기 전까지 20억에 가까운 큰돈을 버는데, 아무런 계획 없이 이 돈을 사용한다는 것은 말이 되지 않는다.

예산안을 작성하는 단계는 빚 때문에 힘들어하는 사람들에게 구체적인 해결책을 제공하며, 다시 자유롭고 평화로운 삶을 되찾고 삶의 질을 개선하는 데에 중요한 단계이다. 오직 필요한 것은 분명하고 명확한 목표다. 예산을 세우면 자신의 재정 상태를 체계적으로 관리할 수 있으며, 불필요한 소비를 줄이는 데 도움이 된다. 그러려면 매달 사용되는 비용과 공과금 등 필수 지출을 먼저 처리해야 한다. 각종 고지서나 청구서 등을 모아서 한눈에 볼 수 있게 정리하고, 적어서 냉장고나 눈에 잘 띄는 곳에 붙여두면 매일 아침저녁 확인하며 마음을 다잡고 지출을 통제할 수 있다.

예산안 세우기는 기본적인 의식주(식비, 관리비, 교통비, 공과금, 월세 등)와 휴대폰요금, 학원비 등 교육비, 보험료, 그리고 카드 대금 등 매달 지불하고 결제해야 하는 것들을 적는 것이다. 종이와 펜을 준비해서 예산안을 적어보자. 이 과정에서 불필요한 지출이나 잠시 보류할 수 있는 소비가 있다면 잠시 소비를 뒤로 미루고, 우선순위에 맞게 꼭 지출해야 할 목록부터 차례를 매겨 보자. 앞으로 건강한 소비 습관과 수입 안에서의 지출에 관한 부분은 더 상세하게 다루기로 하겠다.

원하는 삶에 도달하기 위해서는 가장 먼저 매달 예산안을 짜고 그 짜여진 예산안 안에서 스스로 돈을 통제하고 관리해서 나의 재정을 주도적으로 꾸려나가야 한다. 예측이 가능한 모든 일을 '예산'으로 관리해 예기치 않은 추가 지출을 막아야 한다. 수입이 아무리 많아도 빚이 있으면 자산을 축적하기가 어렵기 때문이다.

정확한 예산안 작성하기는 단지 초기 단계일 뿐이다. 남는 가정 경제를 끌고 갈려면 소비를 최소한으로 줄여야 한다. 수입보다는 지출이 당연히 적어야 한다. 그러기 위해서는 우리의 소중한 수입이 매달 어디로 흘러가는지를 먼저 알고 그것을 주도적으로 통제해야 한다. 그 지름길이 바로 매달 예산안을 작성해야 하는 것이다.

" 실패를 두려워하지 마라.

두려워해야 할 것은 시도하지 않는 것이다."

– 토니 로빈스 –

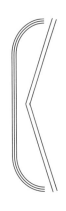
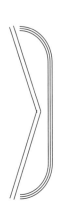

③
긴급 자금부터
만들기

　빚을 갚는 동안에도 긴급 상황에 대비할 수 있는 작은 비상금을 마련해 두는 것이 중요하다. 비상금은 예기치 못한 일이 생겼을 때 대비 할 수 있는 자금으로, 갑작스러운 의료비나 차 수리비 등과 같은 돌발상황에서 다시 빚을 지지 않도록 도와준다.

　최소한의 긴급 자금은 개인의 월 소득이나 가정 상황에 따라 차이가 있지만, 약 100만 원~300만 원 정도의 비상 자금을 마련하라고 권장한다. 경제적 자유를 향한 첫 단계 빚 갚기를 시작할 때 예기치 못한 긴급한 일이나 작은 일들이 생길 때를 대비할 수 있어야 한다. 어떤 사람에게는 너무 미미할 수 있는 돈이지만, 또 다시 카드를 사용하고 대출을 하거나 남에게 돈을 빌리지 않아도 된다.

오직 나의 힘으로 위기를 돌파해 나갈 수 있는 희망의 자금이 될 것이다. 비상금은 쉽게 현금화할 수 있는 통장에 보관해서 언제든지 필요할 때 사용할 수 있어야 하며, 그 용도는 반드시 긴급한 상황에 한정해야 한다. 지금은 개인적 비상사태다. 상당한 집중력이 필요하며, 폭발적인 열정의 에너지가 필요한때다. 오직 나만이 나를 도울 수 있다.

개인적 위기 비상 상황을 헤쳐 나가기 위한 최소한의 긴급 자금을 마련하고 난 뒤, 매달 지불해야 할 비용과 공과금 각종 고지서를 확인해 연체부터 정리하고 가장 시급한 것부터 우선순위를 매겨서 해결하고 정리해 나가자. 어떤 일을 도모하는지 일을 시작하기 전에 명확하고 실질적인 목표로 방향을 설정해야 한다. 세계적인 연설가인 지그 지글러는 '대충 흘러가는 곳으로 따라가는 게 목표인 사람은 항상 그 목표를 달성한다'라고 이야기한다. 대충이 목표인 사람은 대충의 결과를 얻게 되는 것이다.

비상 자금을 모아서 보이지 않는 곳에 숨겨두고, 이제부터는 위급한 돌발상황이 생겨도 누구의 도움도 받지 않고 너의 힘으로 그 위기 상황을 벗어나고 돌파해야 하며, 그러기 위해서 돈을 관리하고 통제하는 것이 가능해야 한다. 허리띠를 바짝 졸라매고

한 걸음, 한 걸음씩 나아가야 한다. 비상 자금을 사용해야 할 때는 신중하게 생각한 후 사용해야 하며, 사용한 후에는 반드시 다시 채워 넣어야 한다. 이렇게 하면 예기치 못한 상황에서도 불안감을 느끼지 않고, 차분하게 재정을 잘 관리하고 통제할 수 있을 것이다.

이러한 계획을 통해 예기치 않은 상황에서 심리적 안정을 유지할 수 있으며, 무리한 소비를 방지해 장기적인 재정 관리를 더욱 효과적으로 할 수 있다. 사람들은 힘든 개인 경제 상황을 벗어날 때 수입을 키우면 경제적 자유 상태로 빨리 갈 수 있다고 생각한다. 그러나 사실상 아무리 수입을 더 크게 늘려도 매달 갚아야 할 상환금이나 빚이 있다면, 경제적 자유 상태로 갈 수 없음을 명심해야 한다. 수입을 키우기 전에 먼저 지금의 수입 안에서 잘 살아내야 하고, 그 수입을 예산안 작성을 통해 돈을 주도적으로 통제하며 살아내는 것이 우선 되어야 한다.

" 부유함은 많은 돈을 가지는 것이 아니라
많은 선택지를 가지는 것이다."

– 크리스 록 –

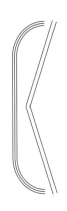
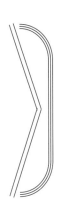

④
부채 목록
작성하기

먼저, 자신이 어떤 빚을 가졌는지 확인하는 것이 중요하다. 신용카드 대금, 대출, 할부금 등 모든 부채를 기록하자. 여기서 중요한 것은 매달 상환 금액과 이자율까지 정확하게 적는 것이다. 예를 들어, 신용카드 대금의 경우 이자율이 매우 높으므로 신속하게 갚아야 할 우선순위가 되기 때문이다. 부채를 정리하는 과정은 마치 내 어깨 위의 짐을 하나씩 내려 놓는 것과 같다. 처음에는 어디서부터 시작해야 할지 막막할 수도 있다. 하지만 하나씩 써내어 목록을 작성하고, 그 양을 정확히 파악하면 해결의 실마리가 보일 것이다.

부채의 목록을 작성하는 것은 자신이 어떤 상황에 부닥쳐 있는지 냉철하게 바라보는 것이다. 이렇게 한눈에 부채를 확인하는 과정은 정말 중요하다. 막연하게 매달 상환 날짜에 할부금과 대출이자만 자동으로 빠져나간다면 일목요연하게 한눈에 나의 현재 재정상태를 파악하기가 어렵다. 그리고 좀 더 충분한 시간을 갖고 종이에 부채 목록 리스트를 적어보자. 이 과정은 손에 잡히는 가정 경제를 위한 첫 관문이자 내가 과거에 했던 일들에 대해 제대로 책임지고 확인하는 과정이다.

2024년 대한민국 4인 가구의 중산층 월 소득 평균은 약 570만 원이라고 한다. 이들이 한 달에 지출하는 평균 생활비는 약 250만 원 정도이고, 평균 주택담보대출 원리금 상환금은 월평균 약 190만 원 정도이다. 대부분의 가정이 이렇게 수입의 80% 이상을 매달 고정비로 지출하고 있다.

예를 들어보자. 한 중년 부부가 있었는데, 그들은 자신들이 얼마나 많은 부채를 가졌는지 알지 못했다. 신용카드 대금, 자동차 할부금, 주택담보대출 등 여러 곳에 빚이 흩어져 있었다. 결국 그들은 모든 부채를 하나하나 적어 가면서 부채가 얼마나 많고 큰지를 눈으로 정확하게 알게 되면서, 그 순간부터 부채를 계획적으로 갚을 수 있었다.

위의 사례는 어쩌면 우리 모두의 모습이기도 하다. 좋은 곳에 여행을 가고 맛있는 것을 먹는 것도 삶을 위한 좋은 충전의 시간이 될 수 있다. 여기에 더해, 내 삶의 재정을 한번 둘러보고 잠시 머물러 정리해 보는 것도 멋지고 풍요로운 삶을 위한 좋은 힐링이 될 것이다.

" 가장 큰 위험은 아무런 위험도 감수하지 않는 것이다. "

– 멜로디 홉슨 –

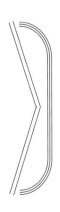

⑤
빚 갚기
전략

모든 빚을 목록을 통해 확인했다면, 이제 본격적으로 빚을 갚기 위한 전략을 세워야 한다. 막연히 빚을 갚아야 한다는 생각만으로는 쉽게 실천에 옮기기가 어렵고, 단순히 돈을 모아 부채를 상환하는 것 이상으로 체계적인 접근이 필요하다.

우선, 자신이 지고 있는 모든 부채를 명확하게 파악한 후, 체계적이고 효율적인 실천 가능한 전략을 세워서 꾸준히 빚을 줄여나가야 한다. 매달 모자라는 경제 구조에서 남는 경제 구조로 만들어야 하며, 이것은 자유로운 삶으로 가는 필수적인 과정이다. 그러기 위해서는 전략적인 접근이 필요한데, 높은 이자율을 가진 부채부터 나, 혹은 적은 금액의 부채부터 상환하는 것이 좋다.

신용카드 빚이나 소액 대출 등 높은 이자를 내는 부채부터 해결하면, 이자가 눈덩이처럼 불어나는 것을 막을 수 있고 특히 적은 금액의 부채를 빠르게 갚아나가는 성취감이 크다. 이런 식으로 우선순위를 정해 하나씩 빚을 줄여나가는 것이 빚 청산의 핵심 이다. 각 방식은 서로 다른 접근법을 취하고 있으니, 자신의 상황에 맞게 선택하면 된다.

먼저 가장 적은 금액의 빚부터 상환하는 방법이다. 예를 들어 50만 원, 200만 원, 500만 원의 빚이 있다면, 가장 적은 50만 원부터 먼저 상환해 나가는 것이다. 이 방식의 핵심은 심리적인 만족감이다. 적은 금액의 빚을 빠르게 갚아나가면서 성취감을 느낄 수 있고, 이를 통해 동기부여가 강화된다. 그 모멘텀을 이용해 점점 더 큰 빚을 갚는 방식이다. 이 방식은 심리적인 이점을 제공해 빚을 갚아나가는 과정에서 끈기를 유지할 수 있게 해주며, 작은 승리가 쌓이면서 지속적으로 빚을 줄이는 데 만족감을 주어 빚 청산의 동기를 계속 유지할 수 있게 해 준다.

매달 갚아야 하는 빚이 없어야 진정한 부자의 길로 접어들 수 있다. 흔들리지 않는 마음으로, 빚을 청산하는 데 집중하고 인내해야 하는 단계다. 적은 금액의 부채부터 시작해서 점점 가속을

올려 나가면 된다. 카드 대금, 자동차 할부금 등 가장 적은 금액부터 갚고 나면 빠른 성취감이 생겨서 의욕과 자신감이 고취된다. 그렇게 하나의 빚을 완전히 갚고 난 후 다음 빚으로 가속을 붙여 나간다. 이때 반드시 예산서를 작성해서 더이상 연체하지 않고 빚을 지지 않을 것을 다짐하고 결단해야 한다.

　이 단계에서 중요한 것은 현금 사용을 생활화하는 것인데 신용카드는 바로 잘라 버려야 한다. 현금을 사용했을 때 훨씬 돈을 적게 쓰게 되기 때문이다. 그렇게 온 집중을 다해 빚을 갚아 나가다가 어느 순간 더 이상 속도가 나지 않을 때는 현금흐름을 원활하게 해야한다. 비싸게 구입 했지만 더 이상 집에서 사용하지 않는 물건이 있다면 그 물건들을 중고 사이트에 내다 팔거나, 만약 자동차 할부금 상환 금액이 크다면 자동차를 팔고 대중교통을 이용하길 권한다.

　더 이상 팔 물건이 없을 때는 수입을 더 추가할 수 있는 아르바이트나 더블 잡을 통해 수입을 적극적으로 늘려야 한다. 이런 자잘한 빚들을 2~3년 사이에 다 없애는 것을 목표로 온 정신을 집중해야 한다. 오직 빚 청산의 목표에만 집중해서 빠른 시간 안에 이 구간을 벗어나야 한다.

다음은 높은 이자율을 가진 부채부터 상환하는 방식이다. 이 방식은 경제적으로 더 효율적이다. 예를 들어, 신용카드 대출처럼 높은 이자를 내는 부채를 우선적으로 갚으면 장기적으로 지출해야 할 이자 비용을 줄일 수 있기 때문이다. 경제적으로 더 큰 이익을 볼 수 있다. 이 방식을 선택하면 빚을 갚는 데 있어서 장기적으로 더 나은 결과를 얻을 수 있다. 그러나 이 방식은 큰 성취감을 느끼기까지 시간이 걸린다. 초반에 금액이 큰 빚을 상환해야 하기 때문에, 빚을 갚는 초기에는 눈에 보이는 성과가 없을 수 있다. 그렇지만 장기적으로는 더 큰 경제적 이익을 만들어갈 수 있다.

두 가지 방법 중 어느 것이든 자신에게 가장 잘 맞는 방식을 선택하여 실천하는 것이 중요하다. 적은 금액의 부채부터 상환을 하던 높은 이자율을 가진 부채부터 상환을 하던 꾸준함이 가장 중요한 요소이며, 작게 시작하더라도 계속해서 빚을 갚아나간다면 언젠가는 모든 부채에서 해방되는 순간을 맞이하게 될 것이다. 중요한 것은 중간에 포기하지 않고, 성실하게 계획을 실행해나가야 한다.

삶은 끊임없이 자신에 대한 의심과 스스로 만든 한계에 맞서 싸우는 과정이다. "나는 이걸 할 수 없어", "아 그냥 예전처럼 살아갈 걸", "이렇게 한다고 문제가 해결될까?"라는 식으로 스스로 한계를 정하고 마음과 계속 싸우게 된다. 이런 부정적인 생각들은 우리의 성장을 막는다. 나를 힘들게 했던 그 상황에서 해방되는 순간을 위해 성실하게 실행해 나가야 한다.

" 당신이 경제적 자유를 누릴 자격이 있다는 것을 믿어라. "

– 젠 신새로 –

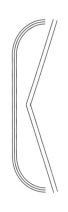

⑥ 신용카드 자르기

다시 말하지만 신용카드는 당장 잘라 버려야 한다. 그리고 신용카드 대신 체크카드를 사용해야 한다. 신용카드는 우리가 쉽게 빚을 지게 만드는 도구 중 하나다. 특히 신용카드의 사용은 소비를 통제하기 어렵게 만든다. 그래서 가장 먼저 해야 할 일은 신용카드를 당장 잘라 버려야 한다. 만약 적은 금액이라도 신용카드를 계속 사용하면 빚을 갚는 속도보다 더 많은 소비가 일어날 수 있다.

대신에 체크카드나 현금을 사용하는 습관을 들이면 불필요한 소비를 줄일 수 있다. 실제로 체크카드는 내가 가진 돈 안에서만

소비할 수 있기 때문이다. 불필요한 지출을 자연스럽게 줄이며, 소비할 때마다 즉시 잔액이 줄어드는 것을 확인할 수 있어 더 신중하게 돈을 쓰게 된다. 현금을 사용할 경우 물건을 구입할 때 실제로 돈을 내는 과정을 겪으면서 소비에 대한 인식이 달라지게된다.

이렇듯 체크카드와 현금 사용은 단순히 빚을 줄이는 방법일 뿐만 아니라 소비패턴을 명확하게 파악할 수 있다. 소비를 개선하는 데에도 큰 도움이 될뿐더러 지출관리도 더 쉽게 할 수 있다. 신용카드를 사용하는 경우에는 지금 당장 내가 얼마나 소비하고 있는지 정확히 파악하기 어렵다. 하지만 체크카드를 사용하면 한 달 동안 내가 어디에 얼마만큼의 돈을 쓰고 있는지 명확하게 파악할 수 있다. 이는 재정 관리를 더 체계적이고 효율적으로 할 수 있는 기반이 된다.

실제로 많은 사람들이 신용카드를 끊고 체크카드로 전환한 이후, 불필요한 소비가 줄어들고 더 체계적인 재정 관리를 할 수 있었다고 말한다. 매달 고정적으로 나가는 지출을 체크카드로 관리하면서 필요한 소비만 하게 되고, 그 결과 빚 상환 속도도 빨라졌다는 실제 경험담을 많이 접했다.

또한, 신용카드의 혜택이 아깝다고 생각할 수 있지만, 혜택을 이용하면서 수수료나 할부이자 부담은 그 이상의 스트레스를 가져온다. 장기적으로 신용카드 사용을 줄이는 것이 더 나은 선택이라는 점을 기억하기 바란다. 꼭, 현금 사용을 습관화시켜야 한다.

" 경제적 자유는 선택에 의해 이루어진다. "

— 그랜트 사바티어 —

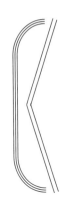
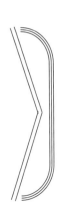

⑦
추가 수입으로
빚 갚기

빚을 빨리 갚기 위해서는 추가 수입을 활용하는 것도 좋은 방법이다. 고정된 월급만으로는 빚을 갚는 데 한계가 있을 수 있다. 부가적인 수입원을 찾아보는 것이 도움이 된다. 만약 가능한 추가 수입이 있다면, 이를 모두 빚 갚기에 집중해 보자. 예를 들어, 부업을 하거나 취미로 돈을 벌수 있는 방법을 찾아보자. 이러한 추가 수입은 빚 상환에 큰 도움이 될 수 있으며, 부채 상환 속도를 빠르게 할 수 있다.

예를 들면 온라인에서 프리랜서로 일할 수 있는 다양한 방법도 있다. 그리고 글쓰기 디자인, 번역 등 자신이 가진 전문적 기술을 활용하여 부수입을 얻을수 있는 기회를 한번 찾아보자. 이러한 추가 수입은 빚을 갚는 데 큰 도움이 될 뿐만 아니라, 재정적으로 조금 더 여유를 가질 수 있게 해준다.

또한 취미를 통해 추가 수입을 얻는 방법도 고려해 볼 수 있다. 예를 들어, 핸드메이드 제품을 만들어 판매하거나 중고 물품을 판매하는 것도 좋은 방법이다. 이런 적은 수입도 빚을 갚는 데 있어서 큰 힘이 될 수 있다. 중요한 것은 이런 수입을 최대한 빚 상환에 집중적으로 사용할 계획을 세우는 것이다.

추가 수입을 통해 빚을 갚는 것은 단순히 빚을 줄이는 것 이상으로 자신감과 성취감을 느낄 수 있게 해준다. 자신의 노력으로 부가적인 수익을 창출하고, 이를 통해 재정적 부담을 줄여나가는 경험은 장기적으로 더 나은 재정상태를 만들어나가는 데 큰 동기부여가 될 것이다.

많은 사람들이 부업이나 추가 수입을 통해 짧은 시간 안에 빚을 많이 상환한 사례들을 볼 수 있다. 예를 들어, 하루에 두 시간 배달 일을 하면서 매달 20~30만 원의 추가 수입을 얻어 그 돈을 전액 빚 갚기에 사용한 사례도 있다. 이렇듯 작은 추가 수입이지만 꾸준히 모으면 큰 차이를 만들 수 있다.

" 부자란 시간이 있는 사람이다. 돈이 있는 것이 아니라."

– 마가렛 보나노 –

3장

/

요즘 어른들의
최소한의 돈 공부

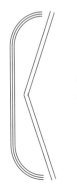

①
재정적 안정으로 가는
기본 원칙

부자가 되기 위한 사고방식의 변화는 개인의 경제적 성공에 매우 중요한 역할을 한다. 이 장에서 다루고자 하는 핵심은 단순한 돈의 개념을 넘어, 장기적이고 지속 가능한 자산 관리와 투자의 중요성을 이해하는 것이다. 지금부터 부자들이 공유하는 다섯 가지 사고방식을 소개하고, 이 사고방식이 부의 축적에 어떻게 기여할 지 살펴보겠다. 이 사고방식들은 검증된 연구와 통계를 바탕으로 설명되며, 기반한 자료를 통해 여러분이 부의 길로 나아가는 데 필요한 필수 요소들 이 될 것이다.

돈은 삶을 위한 도구이며, 목적이 아니다

많은 사람들이 돈을 목표로 삼지만, 실제로 부유한 사람들은 돈을 삶의 기회를 창출하는 도구로 인식한다. 돈은 더 나은 선택과 자유를 제공하는 수단일 뿐, 그 자체가 궁극적인 목적이 되어서는 안 된다. 프린스턴 대학교 연구에 따르면, 돈을 삶의 질을 향상시키는 도구로 인식하는 사람들은 그렇지 않은 사람들보다 더 만족스러운 삶을 살아간다고 밝혔다.

부자들은 주로 돈을 자신의 시간을 자유롭게 하고, 더 많은 기회를 만들기 위한 자원으로 본다. 이들은 단순히 저축하는 것에서 그치지 않고, 돈을 활용해 자산을 늘리고, 시간을 확보하며, 자신이 가치 있게 여기는 일을 추구하기 위해 돈을 활용한다. 이러한 사고방식 덕분에 돈을 활용하고 레버리지 해서 지속적으로 성장할 수 있는 발판을 마련하는 것이 이들의 특징 이다.

저축보다는 장기 투자로 자산을 축척하라

부유한 사람들의 두 번째 중요한 사고방식은 소득을 단순히 돈을 벌고 쓰는 것에서 멈추지 않고, 축적된 자산이 지속적으로 증가하는 구조를 만들어내는 데 집중한다. 2020년 하버드 비즈니스 리뷰의 연구에 따르면, 부자들은 소득의 일정 부분을 저축이나 투자에 할당하여 장기적으로 자산을 불리는 전략을 선택하는데, 그들은 복리 효과를 중시하며, 단기적인 투자 보다 장기적인 투자를 통해 부를 확장하는 데 주력한다.

예를 들어, 장기적으로 자산을 증식하는 방법으로 복리 효과를 언급했는데, 이 복리의 개념은 쉽게 생각하면, '돈이 돈을 벌게 만드는 방법'중 하나이고, 원금에 붙는 이자만 받는 것이 아니라 그 이자에 또 다시 이자가 붙게 되는 구조다. 그래서 시간이 지날수록 돈이 기하급수적으로 불어난다. 이처럼 부자들은 장기 투자의 중요성을 인지하고 있다. 여기서 그들은 복리를 활용하여 단기적 소비보다는 미래를 위한 지속 가능한 투자에 중점을 두고 있는 것이다. 이처럼 부자들은 자산가치를 증대시키는 선택을 하고, 시간이 지남에 따라 자연스럽게 자산을 늘리게 된다.

수동적 소득 (Passive Income) 창출

부자가 되는 세 번째 비결은 돈이 스스로 일하게 하는 시스템을 구축하는 것이다. 자산을 단순히 저축하는 것에서 그치지 않고, 투자를 통해 더 많은 수익을 창출하는 구조를 만들어 자산을 증식시키는 것은 부유한 사람들의 핵심 전략이다. 특히 수동적 소득(passive income)을 창출하는 것은 경제적 자유를 달성하는 데 필수적인 요소이며, 이를 통해 삶의 주도권을 갖고 더 많은 선택권을 가질 수 있다. 수동적 소득은 주식 배당, 부동산 임대수익, 디지털 자산, 온라인 비즈니스 투자, 지적 재산권 등을 통해 이루어진다.

부자들은 주식, 부동산, 또는 비즈니스에 투자해 수익 창출 구조를 자동화한다. 연구에 따르면, 부유층의 75% 이상의 자산가들이 다양한 수동적 소득원을 통해 재정적 안정성을 유지하고 있다고 보고했다. 이를 통해, 그들은 자신이 직접 일하지 않아도 자산이 자동으로 늘어나는 경제적 구조를 구축했으며, 장기적으로 더 많은 시간을 자유롭게 활용할 수 있는 수동적 소득 구조를 만든다. 내가 직접 일하지 않아도 돈이 돈을 벌게 하는 구조, 이것이 부자들이 지향하는 목표다.

수동적 소득을 만드는 것은 시간과 노력이 필요한 장기적 플랜이다. 올바른 전략으로 차근차근 준비하면 점진적으로 경제적 자유에 가까워질 수 있다. 핵심은 자산이 돈을 벌도록 만드는 시스템을 구축하는 것이다. 많은 사람들이 "나도 수동적 소득을 만들고 싶다"라고 생각하지만, 실제로 행동하는 사람은 많지 않다. 경제적 자유를 원한다면, 지금이라도 작은 첫걸음을 내디뎌야 한다. 한 달에 10만 원의 수동적 소득이라도 좋다. 그렇게 목표를 한 단계씩 늘려가다 보면 어느 순간 돈이 나를 위해 일하고 있는 삶을 살게 될 것이다.

리스크는 두려워하지 말고 현명하게 관리하라

네 번째 중요한 사고방식은 리스크 관리다. 많은 사람들이 돈을 잃을까 봐 투자에 대한 두려움을 가지고 있지만, 부자들은 리스크를 기피하지 않고 그것을 현명하게 관리한다. 투자에 언제나 위험이 따르지만, 리스크를 이해하고 그에 맞는 대처 전략을 세우는 것이 중요하다.

미국 경제학자 나심 탈레브는 그의 저서 《안티프래질》에서 "리스크를 완전히 회피하는 것보다, 그것을 어떻게 관리하고 활용하느냐가 중요하다"고 강조했다. 따라서 부자들은 다각화된 투자를 통해 리스크를 최소화하고, 리스크를 수용하되, 이를 줄일 수 있는 다양한 전략을 사용해서 장기적으로 자산을 증식하는 방식을 선택한다.

또한, 인플레이션 같은 경제적 변수에 대비해 포토폴리오를 다각화하여 위험을 분산시키고, 실물 자산이나 금, 부동산 등 안정적인 투자를 선택하는 것도 리스크를 줄이는 방법 중 하나다. 이를 통해 경제 변화에도 흔들리지 않는 자산 구조를 만들고, 구축하여 장기적으로 지속 가능한 성장을 이뤄낸다.

지속적인 학습과 성장이 부의 비결이다

마지막으로, 부자들은 끊임없이 배우고 성장하는 자세와 태도를 가지고 있다. 그들은 경제적 변화에 민감하고, 새로운 투자 기회를 찾는 데 있어 항상 열린 마음을 가지고 있으며, 열린 마음으로 정보를 습득한다. 톰 코를리의 연구에 따르면, 부자들의 88%는 매일 30분 이상 독서를 하거나, 정기적으로 경제와 투자에 대한 공부를 하며, 그들이 가지고 있는 정보를 지속적으로 업데이트하는 것으로 나타났다 .

또한, 부유한 사람들은 네트워크를 넓히고 다양한 전문가들과 교류하면서 이를 통해 더 많은 기회를 창출한다. 그들은 "내가 아는 것"보다 "누구와 아는지"가 중요하다는 사실을 잘 알고 있다. 이를 통해 더 많은 정보와 기회를 얻어, 장기적으로 자신의 자산을 늘려가는 성장의 길을 걷게 된다.

부자가 되기 위해서는 단순히 돈을 버는 것만으로는 충분하지 않다. 돈을 관리하고, 증식시키는 방법을 이해하는 것이 필요하며, 끊임없이 배워야 하고, 경제적 상황에 맞춰 유연하게 대처해야 한다. 이 다섯 가지 사고방식은 경제적 변화를 통해 진정한 경제적 자유를 달성하는 데 중요한 기초를 제공하며, 경제적 자유에 한 걸음 더 다가설 수 있게 한다.

돈에 대한 새로운 사고방식을 통해 부자가 되는 과정은 장기적인 전략과 꾸준한 실천이 필요하다. 여기에서 강조하고자 하는 것은 바로 이러한 사고방식의 변화다. 돈을 삶을 변화시키는 도구로 보고, 지속적인 자산 증식과 리스크 관리에 집중해야 한다.

이를 통해 여러분은 경제적 자유뿐 아니라, 더 나은 미래를 위한 준비를 할 수 있을 것이고, 부자가 되기 위한 필수적인 단계를 거치게 된다. 돈에 대한 새로운 사고방식을 채택하고, 위에서 소개한 다섯 가지 원칙을 꾸준히 실천해본다면, 작은 변화들이 모여 큰 결과를 만들어낼 것이다.

" 경제적 자유는 더 이상 생존을 위해 일할 필요가 없는 상태다.“
– 제이 엘 리빙스턴 –

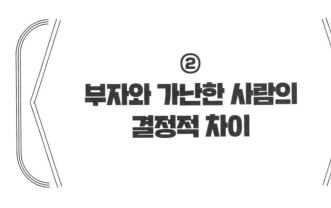

②
부자와 가난한 사람의 결정적 차이

자산소득과 노동소득의 정확한 이해

　부자와 가난한 사람을 가르는 결정적 차이는 돈을 버는 방식에 있다. 부자가 되기 위해 반드시 이해해야 할 핵심 개념이 노동소득과 자산소득이다. 대부분의 사람들은 안정적인 직장과 저축을 중요하게 여기며, 좋은 학교를 나와 좋은 회사를 다니는 것이 부의 축적 방법이라고 믿는다. 반면, 부자들은 자산을 만들고, 그 자산이 일하게 하는 것이 진정한 부의 본질이라고 생각한다.

　노동소득이란 무엇인가? 노동소득은 내 시간을 투자해 직접 일해서 버는 돈을 의미한다. 직장인의 월급, 자영업자가 사업을 운영해 얻는 수익, 의사, 변호사, 강사 등 전문직의 수입 등이 대표적이다. 노동소득은 일한 만큼만 벌 수 있으며, 일을 멈추면 소득도 사라진다. 그렇기 때문에 평생 노동소득에만 의존하면 경제적 자유를 얻기가 어렵다.

자산소득이란 무엇인가? 자산소득은 내가 직접 일하지 않아도 자산이 나를 대신해 벌어주는 돈이다. 주식, 배당금, 부동산 임대료, 책이나 음원의 저작권료, 네트워크 마케팅의 인세형 소득 등 이런 자산소득을 만들기까지는 시간과 노력이 필요하지만, 한 번 구축되면 내가 잠을 자도, 여행을 가도 돈이 들어오는 구조가 된다. 이처럼 노동소득에서 자산소득으로 전환하는 것이 경제적 자유의 핵심이다.

돈을 일하게 만들어라. 로버트 기요사키의 《부자 아빠, 가난한 아빠》는 돈에 대한 사고방식을 바꿔주는 책이다. 여기서 가장 중요한 교훈은 "돈을 위해 일하지 말고, 돈이 나를 위해 일하게 만들어라"는 것이다. 대부분의 사람들은 직장에서 번 돈을 소비하는 데 집중한다. 하지만 부자들은 소득을 단순 소비하지 않고, 그 돈을 자산에 투자하여 소득을 키워 나간다.

예를 들어, 100만 원을 은행에 저축하면 돈이 그대로 머물러 있지만, 주식에 투자하면 배당과 시세 차익을 얻을 수 있다. 부동산을 사면 임대료와 자산 가치 상승을 기대할 수 있다. 자기개발에 투자하면 더 높은 수익을 창출할 능력을 얻게 된다. 결국 돈을 일하게 만드는 습관이 부자가 되는 결정적인 차이이다.

부자는 자산을 사고, 가난한 사람은 부채를 산다

부자가 되기 위해서는 자산과 부채의 차이를 정확히 이해해야 한다. 자산은 나에게 돈을 벌어다 주는 것이고, 부채는 내 호주머니의 돈을 빼앗아 가는 것이다. 대출을 받아 집을 샀다면, 그 집은 진짜 '자산'일까? 대부분의 사람들은 '내 집'이 자산이라고 생각하지만, 사실 대출이 아직 남아 있다면 그 집은 부채다. 그럼 자산이 되려면?, 집을 사서 임대를 놓아 수익을 창출해야 한다. 대출이 없거나, 최소한 임대료가 대출이자를 초과해야 한다.

이처럼 우리에게 필요한 것은 노동소득을 자산소득으로 바꾸는 사고방식이며, 그 과정을 꾸준히 실천하는 것이다.

경제적 자유는 하루아침에 이루어지지 않는다. 하지만 올바른 방향으로 나아간다면 평생 돈에 쫓기지 않는 삶을 만들 수 있다.

이제 모든 선택은 당신에게 달려 있다. 계속 노동소득에 의존할 것인가, 아니면 자산소득을 만들어 경제적 자유를 얻을 것인가?

" 경제적 자유는 돈을 버는 것보다 돈을 관리하는 데 있다. "

– 워렌 버핏 –

③
왕초보도 할 수 있는
재정 목표 설정법

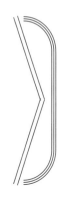

우리가 지금까지 살아오면서 얼마나 많은 결심을 해왔나? 다이어트를 결심하고, 운동을 결심하고, 절약을 결심하고, 새로운 무언가를 배워보자고 다짐했던 순간들. 하지만 결심을 하긴 했어도 그중 몇 개나 제대로 실천해봤는지 한번 생각해보면, 실천하는 게 생각보다 쉽지 않다는 걸 깨닫게 된다. 그 중에서도 특히 돈과 관련된 결심, "돈을 저축해야지"라는 결심을 수도 없이 해왔지만, 생활 속에서 현실적인 지출과 맞닥뜨리면 그 다짐은 어느새 흐트러지고 만다.

왜 그럴까? 돈은 우리 삶에서 아주 중요한 부분이지만, 동시에 어렵고 복잡하게 느껴질 때가 많기 때문이다. 월급이 들어와도 그 돈은 언제 어디로 사라지는지 모를 정도로 빠르게 사라지고, 돈을 모으는 건 늘 쉽지 않았다. 그래서 시작조차 망설이거나, 아예 관심을 두지 않게 되는 경우도 많다. 심지어 재정 관리에 대한 무력감이 들기도 하고, 이미 늦었다는 생각이 들어 포기하기도 한다.

 하지만 우리가 조금만 시선을 바꿔서 보면, 사실 재정적인 목표를 이루는 건 생각보다 거창한 일이 아니다. 우리가 가끔 '재테크'나 '투자'라는 단어만 들어도 머리가 아프고 복잡한 기분이 들지만, 사실 돈 공부는 크게 시작하는 게 아니라, 작게라도 관심을 갖고 천천히 시작하면 된다. 그리고 그 변화는 왕초보자도 쉽게 따라 할 수 있는 것들이며, 그 출발점은 바로 '작은 습관'이다. 지금 그 작은 시작에 대해 이야기해 보려고 한다.

 재정 목표를 세우는 일은 돈을 관리하고 자산을 쌓아가기 위한 첫걸음이다. 여러분이 대학생이든, 직장인이든, 혹은 가정주부이든 간에, 재정적 목표가 분명할 때 돈을 관리하는 방향이 명확해진다. 단순히 '돈을 많이 벌고 싶다'는 생각보다는 구체적으로 '1년 안에 얼마의 돈을 모을 것이다'라는 식으로 명확한 목표를 세우면, 그 목표를 이루기 위한 계획도 세울 수 있다. 이렇게 목표를 세우고 이를 실현해 가는 과정을 통해 우리는 더 큰 재정적 자유를 얻게 될 것이다.

목표를 종이에 적는 습관, 실천의 시작

많은 사람들이 목표를 머릿속에만 두고 있거나 대략적으로만 생각한다. 하지만 목표를 이루기 위해 가장 중요한 첫 번째 단계는 그것을 종이에 적는 것이다. 간다 마사노리의 《비상식적인 성공법칙》에서도 강조하듯, 목표를 종이에 적으면 뇌가 자연스럽게 그 목표를 실현하기 위한 정보를 찾고, 필요한 행동을 하도록 이끈다고 한다. 단순해 보이지만, 종이에 적는 이 행위가 목표를 더욱 현실적으로 느끼게 하고, 실천 의지를 강화시킨다.

지금 당장 작은 노트를 준비해보자. 그리고 당신이 이루고 싶은 재정 목표를 구체적으로 적어보자. "나는 1년 동안 매달 50만 원씩 저축해 총 600만 원을 모을 것이다."와 같이 구체적이고 측정 가능한 목표를 세워야 한다. 단순히 '돈을 모아야겠다'라는 생각보다 훨씬 구체적인 목표가 더 효과적이다. 이렇게 적은 목표는 당신의 뇌에 강력한 신호를 보내게 된다. "나는 이 목표를 반드시 이루어야 한다."

아침 저녁으로 목표 읽기, 뇌를 프로그래밍 하다

목표를 적는 것만으로는 충분하지 않다. 이 목표를 매일 의식적으로 떠올려야 한다. 아침에 일어나서 한 번, 밤에 자기 전에 한 번, 목표를 적어둔 종이를 소리 내어 읽어야 한다. 간다 마사노리가 말한 것처럼, 웃으면서 목표를 읽는 것이 중요하다. 기분좋게 웃으며 목표를 읽는 것이 뇌에 긍정적인 신호를 주어, 그 목표가 현실로 이루어진다는 믿음을 강화 시키게 된다. 이렇게 매일 반복하는 작은 행동이 당신의 잠재의식을 변화시키고, 결국 목표를 이루는 데 큰 도움이 된다.

이 과정은 자기 최면이라고도 할 수 있다. 잠재의식은 우리의 의식적인 노력보다 훨씬 강력한 힘을 발휘하는데, 이 잠재의식을 프로그래밍하는 것이 바로 자기 최면이다. 목표를 읽고, 그 목표가 이루어진 모습을 상상하는 것만으로도 잠재의식은 그 목표를 실현하기 위한 방법을 찾아낸다. 우리의 뇌는 매일 수많은 정보를 받아들이지만, 내가 가장 중요하게 생각하고 늘 몰두하고 있는 일의 정보만을 수집하고 찾아낸다. 오직 매일 매일 눈으로 보고 소리 내어 읽는 그 간절한 꿈, 목표를 이루기 위한 모든 정보를 수집하는 우리의 뇌는 우리의 최고의 협력자다. 생각은 내가 하고, 행동은 뇌가 한다.

재정 목표를 이루기 위한 작은 행동들

목표를 적고 반복해서 읽는 것만으로 재정적 목표를 이룰 수는 없다. 여기에는 구체적인 행동이 필요하다. 우선, 목표를 이루기 위한 작은 계획들을 세워보자. 만약 1년 안에 600만 원을 모으기로 했다면, 매달 얼마를 저축해야 할지, 혹은 어떤 방법으로 그 돈을 모을지를 구체적으로 생각해보는 것이다. 너무 큰 목표를 한 번에 이루려고 하기보다는, 작은 단위로 쪼개어 한 걸음씩 나아가는 것이 중요하다.

예를 들어, 매달 50만 원씩 저축하기로 목표를 세웠다면, 매달 50만 원을 자동이체로 저축하는 방법을 사용할 수 있다. 또는, 불필요한 소비를 줄이고 저축 할수 있는 방법도 찾아보자. 하루에 커피 한 잔을 덜 마시고 그 돈을 저축한다면, 그 작은 행동이 1년 후에는 큰 금액으로 모일 수 있다. 중요한 것은 실천 가능한 작은 행동을 꾸준히 하는 것이다.

긍정적인 사고방식과 어포메이션

목표를 이루는 과정에서 긍정적인 사고방식은 매우 중요하다. 목표를 달성하기 어렵다고 느껴질 때에도, 긍정적인 마음을 유지하는 것이 성공의 열쇠다. 간다 마사노리가 언급한 어포메이션은 이를 잘 설명해준다. 어포메이션이란, 긍정적인 표현을 반복함으로써 잠재의식에 긍정적인 영향을 미치는 방법이다. 매일 아침저녁으로 "나는 재정적 자유를 이룰 수 있다", "나는 목표를 달성하고 있다"라는 긍정적인 문구를 자신에게 말하는 것만으로도 큰 효과를 볼 수 있다.

실제로 우리의 뇌는 수만 개의 정보를 받아들이지만, 이 중 오직 40개 정도만을 선택적으로 수용한다고 알려져 있다. 그래서 부정적인 생각보다는 긍정적인 말을 습관적으로 채택하는 것이 중요하다. 긍정적인 생각과 말은 우리의 뇌를 더욱 활발하게 만들어 목표를 더 쉽게 달성할 수 있도록 돕는다.

이처럼 긍정적인 말과 생각은 우리 뇌에 강력한 영향을 미친다. 부정적인 생각은 목표 달성을 방해하고, 긍정적인 생각은 그 과정을 더 쉽게 만들어준다. 지금부터는 자신에게 긍정적인 말을 자주 하자. "나는 할 수 있다", "나는 목표를 달성하고 있다"는 말을 매일 반복하는 것만으로도 큰 변화를 느낄 수 있을 것이다.

어포메이션을 더욱 효과적으로 사용하는 방법이 있다. 이것은 미래 완료형 의문문으로 문장을 만들어 표현하는 것이다. 이유는 우리의 뇌가 이미 목표를 달성한 상태를 상상하게 하여 더욱 구체적으로 그 가능성을 생각하게 만들기 때문이다. 예를 들어, "나는 목표를 이루고 있다"라는 단순한 긍정문 대신에 "내가 어떻게 이 목표를 이룰 수 있었지?"라는 형태로 질문하면, 우리 뇌는 무의식적으로 그 답을 찾기 위해 노력하게 된다.

이 방법은 의문을 통해 긍정적인 미래를 상상하도록 자극하고, 이미 성공한 자신을 떠올리며 목표 달성에 대한 자신감을 높이는 데 도움을 준다. 이런 식으로 미래 완료형 의문문으로 바꾸어 말하면 효과가 더욱 강력해지고 극대화된다. 이 같은 질문을 매일 던지면서 스스로가 이미 목표를 이룬 모습을 이미지 한다면, 이는 단순한 긍정보다 더 구체적이고 실질적인 사고를 유도할 수 있다.

우연은 없다, 모든 것은 목표와 연결된다

목표를 꾸준히 떠올리고 실천하는 과정에서 흥미로운 일이 일어날 것이다. 매일 목표를 생각하다 보면, 당신의 뇌는 그 목표를 실현할 방법을 자연스럽게 찾기 시작한다. 갑자기 좋은 아이디어가 떠오르거나, 우연히 목표와 관련된 정보를 접하게 될 수도 있다. 혹은 목표를 이루는 데 도움을 줄 수 있는 사람을 만나게 될

지도 모른다. 이런 일들은 결코 우연이 아니다. 이것을 동시성 이라고 한다. 당신이 꾸준히 목표를 생각하고, 그 목표를 이루기 위한 작은 행동들을 실천해왔기 때문에 자연스럽게 이루어지는 일들이다.

특정 주제에 집중하고 있을 때 주위의 사건들이 마치 의도적으로 나를 돕는 것처럼 일이 일어난다. 동시성은 종종 우리가 목표나 문제에 대한 해답을 찾는 데 도움을 준다. 목표를 세우고 이를 꾸준히 실천하는 사람은 주변 환경과 기회에 민감해지기 마련이다. 우리의 뇌가 목표에 집중할 때 관련 정보를 민감하게 받아들이는 '선택적 주의'덕분인데, 이렇게 의식적으로 주목하게 되면 작은 변화에도 재빠르게 반응하고, 그 기회를 잡으려고 노력하게 된다.

이렇게 사소해 보이는 행동 하나하나가 쌓여 결국 목표를 이루는 데 큰 역할을 한다. 예를 들어, 재정적 목표를 설정하고 이에 몰두하고 있다면, 뜻밖에 투자와 관련된 사람을 만나거나 관련 정보를 접할 가능성이 높아진다. 우연은 없다. 모든 것은 목표와 연결되어 있다.

작은 습관부터 시작하자

돈 공부의 시작은 거대한 결심이 필요하지 않다. 당장 큰 액수를 모으거나, 대단한 투자를 하는 게 아니다. 오히려 부담없이 실천할 수 있는 작은 습관부터 시작하는 것이 핵심이다. 예를 들어, 하루에 커피 한 잔 줄이기, 불필요한 소비를 기록해보는 것처럼 작고 단순한 습관부터 시작할 수 있다. 우리는 종종 큰 목표를 세우고 그것을 이루지 못하면 자신을 자책한다. 그러나 이 책의 첫번째 메시지는 '작은 변화가 큰 결과를 만든다'는 것이다. 그렇게 작은 습관을 하나씩 쌓아 나가다 보면 어느새 큰 변화를 경험하게 될 것이다.

여기서 중요한 건 '작은 변화도 의미가 있다'는 사실을 기억하는 것이다. 작은 변화를 무시하면 큰 변화도 이루기 힘들기 때문이다. 작은 실천이 쌓이고 쌓여야 큰 목표도 이룰 수 있다. 예를 들어, 매달 조금씩이라도 저축을 시작해보자. 그 돈은 시간이 지나면서 큰 자산으로 성장할 수 있다. '복리'라는 개념을 앞장에서도 몇번 언급한 것처럼 복리는 시간이 지남에 따라 자산을 증식시키는 놀라운 힘을 가지고 있다. 비록 시작은 작더라도, 그것이 지속적으로 유지된다면 그 결과는 상상 이상이 될 수 있다. 결국 당신의 자산을 불려주는 중요한 역할을 하게 될 것이다.

요즘 어른들의 최소한의 돈 공부의 시작은 그래서 작지만 꾸준한 실천에서 부터 비롯된다. 자신이 가진 일상의 습관 중에서 조금씩 변화를 주자. 금액이 크지 않지만 지속적으로 소비되는 지출들이 많다. 구독 서비스도 체크해보고, 불필요하게 나가는 것을 취소하는 것으로도 큰 차이를 만들 수 있다.

목표는 작게, 꾸준히

많은 사람들이 재정 목표를 세울 때, 너무 크게 설정하는 실수를 범하곤 한다. 올해 안에 1억을 모으겠다거나, 갑자기 주식 투자로 큰 돈을 벌겠다는 식으로 말이다. 하지만 이렇게 거대한 목표는 오히려 부담이될 수 있고, 목표가 지나치게 크면 실천이 어려워지고 결국 포기하게 되는 경우가 많다. 그래서 중요한 것은 현실적이고 구체적인, 작지만 꾸준히 실천할 수 있는 목표를 세우는 것이 중요하다.

"이번 달에는 불필요한 지출을 줄여서 10만 원을 저축하자"라든지, "이번 주에는 한 번도 외식하지 않고 집에서 밥을 해 먹자" 같은 직은 목표도 좋다. 이렇게 작은 목표를 이루는 과정에서 오는 성취감은 더 큰 동기부여가 되어 다음 목표로 나아가게 만든다. 재정적인 자유는 그렇게 한 걸음 한 걸음 다가오는 것이지,

한 번에 이룰 수 있는 것이 아니다.

그리고 그 목표를 실천했을 때, 자신을 칭찬하는 것도 잊지 말자. 작은 성공을 성취하고 스스로 인정하는것은 더 큰 동기부여가 될 수 있다. 저축을 꾸준히 하다 보면 그 적은 금액이 어느새 커지고, 시간이 지나면서 큰 자산으로 이어지게 된다. 큰 목표는 작은 시작으로부터 나온다는 걸 잊지 말아야 한다.

실천이 곧 결과를 만든다

재정적인 자유를 이루기 위해선 계획이 필요하다. 하지만 계획을 세우기만 하고 행동으로 옮기지 않으면 아무 소용이 없다. 결국 중요한 건 실천이다. 작게라도, 오늘부터라도 시작하라. 시작이 반이라는 말이 있듯이, 처음 한 걸음이 중요하다. 완벽한 계획을 세운다고 해서 반드시 성공하는 것이 아니라, 그 계획을 행동으로 옮기는 것이 중요하기 때문이다.

"내가 지금 시작한다고 해서 뭐가 달라질까?"라고 의심이 들 때도 있을 것이다. 하지만 그럴 때일수록 더 작은 목표부터 차근차근 실행해 보자. 재정적 목표를 달성하기 위한 작은 실천은 그 자체로도 의미가 있다. 오늘의 작은 실천이 쌓이면, 작은 실천은 시간이 지나면서 큰 결과를 만들어낸다. 하루하루 쌓인 작은 실천이 모여 결국엔 당신이 원하는 미래를 변화시킬 수 있게 될 것이다.

나만의 속도로 가는 것

한 가지 더 중요한 건, 나만의 속도로 꾸준히 가는 것이다. 돈 공부를 시작하면서 가장 경계해야 할 점 중 하나는 남들과 자신을 비교하는 것이다. 다른 사람이 더 빨리 돈을 모으고, 더 많은 자산을 축적하는 걸 보면서 조급해 할 필요가 전혀 없다. 우리가 추구하는 재정적 자유는 개인마다 다르다. 누구나 각자의 속도가 있는 법이고, 중요한 건 남들과의 경쟁이 아니라 나만의 속도로 꾸준히 자신의 발전을 느끼고 만족하는 것이다. 재정적 목표는 각자의 상황에 맞게 세워져야 하며, 그 속도 역시 개인에 따라 다르다.

마라톤 경주에서 승리하는 사람은 가장 빠르게 달리는 사람이 아니다. 자신의 페이스를 잘 지키며 꾸준히 완주하는 사람이 승리하는 법이다. 재정적인 자유를 향한 여정도 이와 같다. 단거리 경주가 아닌 마라톤이다. 누구보다 빨리 달리려고 애쓰기보다, 나만의 속도로 꾸준히 나아가는 것이 중요하다. 오늘 작은 한 걸음을 내디뎠다면, 그것만으로도 이미 큰 성공을 이룬 것이다.

지금이 바로 그 시작

많은 사람들이 "다음에 할게"라며 행동을 미루곤 한다. 하지만 더 나은 내일을 위한 작은 변화의 시작은 "바로 지금"이 되어야 한다. 이제 미루지 말고, 지금 당장 할 수 있는 작은 실천부터 시작해보자. 중요한 건 '지금'이란 시간을 잡고 행동으로 옮기는 것이다.

우리는 종종 완벽한 시기를 기다리지만, 완벽한 시기란 존재하지 않는다. 지금이 바로 그 시기고, 오늘이 바로 그 날이다. 작은 변화로부터 시작해서 더 나은 내일을 위한 작은 시작이 이루어진다면, 미래의 당신은 지금의 결정을 매우 고마워할 것이다.

이 책은 "더 나은 내일을 위한 작은 시작"을 통해서, 독자들이 자신의 재정적 목표를 이루도록 돕는 안내서다. 돈 공부는 거창한 것이 아니라, 작고 사소한 변화에서부터 시작된다. 실천하는 첫걸음을 내딛기를 바란다. 그 작은 시작이 당신의 인생을 크게 변화시킨다는 점을 항상 기억하면서, 오늘부터 바로 시작해보자.

"성공은 당신이 무엇을 성취했는지가 아니라,
얼마나 많은 사람들을 도왔는지에 달려 있다."

— 존 록펠러 —

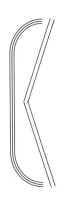
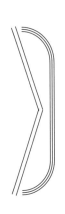

④
나의 소비 습관,
제대로 알고 있는가?

현대 사회에서는 돈을 많이 버는 것만으로 부자가 될 수 없다. 아무리 돈을 잘 벌어도 소비를 제대로 관리하지 못하면 재정적 독립은 요원한 목표가 된다. 결국, 소비를 얼마나 효율적으로 관리하느냐가 부를 쌓는 중요한 요소다. 이 글에서는 소비 습관을 분석하고, 소비를 줄이면서 부를 쌓는 구체적인 실천 방법에 대해 이야기하려 한다. 이를 통해 부를 축적할 수 있는 전략적인 접근법도 함께 살펴볼 것이다.

매달 어디에 돈을 쓰는지 모른다면 부자가 되기 어렵다. 돈을 벌고 관리하는 것은 전혀 다른 능력이다. 이 두 가지를 동시에 잘

해야 진정한 부를 이룰 수 있기 때문이다. 부자가 되기 위한 첫 번째 단계는 자신의 소비 습관을 정확히 분석하고, 재정 계획을 세우는 것이다. 자신이 어디에 얼마나 지출하는지 모르면, 돈을 제대로 관리할 수 없다. 소비 습관을 점검하는 것은 단순한 절약을 넘어 돈을 지혜롭게 사용하는 방법을 배우는 과정이다.

소비 습관을 점검하는 가장 좋은 방법은 매달 지출 항목을 기록해보는 것이다. 지출 패턴을 파악하기 위해 몇 가지 질문을 통해 스스로 분석해보자.

〈소비 습관 분석 질문지〉

1. 지난 한 달 동안 가장 많이 지출한 항목은 무엇인가요?

2. 고정 지출(예: 렌트, 공과금, 보험 등)은 얼마인가요?

3. 비상금이 있나요? 있다면 얼마나 되나요?

4. 쇼핑을 할때 주로 어떤 경로(온라인, 오프라인)를 이용하나요?

5. 세일 기간 동안 구매한 품목은 무엇인가요?

6. 소비를 결정할 때 주로 참고하는 정보는 무엇인가요? (예: 친구 추천, 온라인 리뷰 등)

7. 소비 후 기분은 어떤가요? (만족, 후회 등)

8. 가장 최근에 충동구매한 경험과 그 이유는 무엇인가요?

9. 소비를 줄이기 위해 시도해본 방법이 있나요?

10. 소비를 할 때 느끼는 감정(스트레스, 기쁨 등)은 무엇인가요?

11. 할인이나 보너스 프로그램을 얼마나 자주 활용하나요?

12. 정기적으로 지출 내역을 검토하나요? 얼마나 자주 하나요?

13. 내가 가장 가치 있다고 생각하는 지출 항목은 무엇인가요?

14. 특정한 소비 패턴이 있다면 그것은 무엇인가요? (예: 특정 요일 또는 시간에 소비하는 경향 등)

이 질문들은 자신의 소비 패턴을 명확히 파악하는 데 도움을 준다. 이를 바탕으로 건강한 소비 습관을 만들고, 부를 쌓는 첫걸음을 뗄 수 있다.

지출 관리의 첫걸음: 지출 내역 파악하기

지출 관리는 투명한 파악에서 시작된다. 매달 나가는 고정지출을 확인하고, 가변적인 지출을 분석해 어느 부분에서 줄일 수 있을지 찾아보자. 충동구매를 줄이는 것이 부를 쌓는 데 중요한 역할을 한다. '지금 당장 필요한지'를 판단하는 기준을 세우는 것이 좋다. 예를 들어,

한 달 동안 돈을 어디에 어떻게 썼는지 기록하는 '지출 일기'를 써보는 것도 좋다. 이 과정을 통해 지출 패턴을 확인하고, 불필요

한 소비를 줄일 수 있는 기회를 찾을 수 있다. 처음에는 어렵지만, 일단 습관이 되면 효율적인 소비 관리의 기초가 된다.

절약을 넘어서 : 지혜로운 소비 습관 들이기

소비를 줄이는 것이 단순히 절약만을 의미하지는 않는다. 돈을 지혜롭게 쓰는 방법을 배우는 과정이기도 하다. 예를 들어, 다음과 같은 실천을 통해 조금씩 바꿔 나갈 수 있다.

지출 계획 세우기: 한 달 예산을 미리 설정하고 그에 맞춰 지출하는 습관을 들인다. 미리 정해진 예산 내에서 소비하는 것만으로도 많은 불필요한 지출을 줄일 수 있다.

충동 구매 자제하기: 물건을 사고 싶은 충동이 들 때 즉시 결제하는 대신, 24시간 동안 시간을 두고 기다렸다가 다시 한번 생각해본다. 그 시간이 지나도 필요하다고 느껴진다면 그때 구매 하면 된다.

세일에 현혹되지 않기: 세일 기간에 무조건 저렴하다고 사지 말고, 진정으로 필요한 것인지 판단해보자.

리스트 작성 후 쇼핑하기: 필요하지 않은 물건을 충동적으로 사는 일을 방지하기 위해, 장을 보거나 쇼핑을 나가기 전에 필요한 물건 목록을 미리 작성해두자.

이러한 실천들은 소소해 보일지 모르지만, 시간이 지나면 큰 변화를 가져온다. 이러한 소비 습관은 결국 부의 축적에도 기여하게 된다.

돈의 흐름을 바꿔라: 수입과 지출의 균형

부를 쌓기 위해서는 단순히 소비를 줄이는 것뿐만 아니라, 돈이 나가는 방향을 올바르게 설정하는 것이 더 중요하다. 우리가 의식하지 못하게 돈을 쓰는 방향을 바꾸고, 수입과 지출의 균형을 맞추는 습관을 들이기 위해 수입이 들어오는 즉시, 일정 비율을 저축과 투자에 배분하는 '선 저축 후 소비' 원칙을 실천해보자. 재정 관리를 위한 실용인 방법 중 하나 는 '50/30/20 규칙'이다. 소득의 50%는 생활비, 30%는 자유 지출, 20%는 저축과 투자에 할당하는 방식이다. 이 규칙을 따르면 소비와 저축의 균형을 맞추기가 쉬워진다. 이렇게 하면 남은 돈으로 생활을 계획하게 되어 자연스럽게 소비가 줄어든다. 물론 이 비율은 개인의 상황에 따라 다를 수 있으므로, 필요에 맞게 조정하는 것이 좋다.

장기적인 목표 세우기: 재정 계획의 중요성

장기적인 재정 목표를 설정하고 이를 실천하는 과정은 부를 쌓는 데 큰 도움을 준다. 예를 들어, 1년 안에 비상금을 얼마까지 모으겠다, 5년 후에는 내 집 마련을 위한 목돈을 만들겠다는 식의 구체적인 목표를 세우는 것이 중요하다. 목표가 구체적이고 실현 가능할수록 동기부여가 되고, 더 지속적으로 실천할 수 있게 된다.

실생활에서 적용 가능한 소비 습관 예시

가계부 작성하기: 지출을 기록하는 가장 기본적인 방법이자, 실천하기 쉬운 방법이다. 종이 가계부를 쓰거나, 모바일 앱을 활용해보자. 요즘은 다양한 모바일 앱이 나와 있어 언제 어디서나 편리하게 사용할 수 있다. 여기서 중요한 점은 지출 항목을 세분화하고, 고정비와 변동비를 명확히 나누어 분석하는 것이다. 이렇게 분류하면, 불필요한 변동비를 쉽게 찾아내어 점검할 수 있다.

자동 이체를 활용한 저축: 매달 월급이 들어오는 날 미리 정해둔 금액을 저축 계좌로 자동으로 저축하는 시스템을 만드는 것은 저축 습관을 기르기 위한 강력한 방법이다. 선저축 후소비의 원칙을 따르는 이 방법은 돈을 따로 관리할 필요 없이 자동으로 자산이 쌓이므로 꾸준한 돈을 저축하는 것을 일상적인 습관으로 만들어 준다.

중고 거래 플랫폼 이용: 필요 없는 물건을 중고로 판매하지만, 필요한 물건을 중고로 구매하는 습관은 돈을 절약하는 데 큰 도움이 된다. 새 제품을 사는 대신 중고 제품을 활용하면 불필요한 지출을 줄이는 좋은 방법이 될 수 있다.

식비 절약을 위한 식단 계획: 외식을 줄이고 집에서 요리하는 습관을 들이면 식비를 크게 절약할 수 있다. 또한, 일주일 단위로 식단을 미리 계획하고 대량 구매를 통해 필요한 재료만 구입하면, 불필요한 음식 낭비를 줄일 수 있다. 이 과정에서 냉장고를 정리하고, 있는 재료를 최대한 활용해서 요리하는 것이 핵심이다. 예를 들어 '냉장고 파먹기'가 있는데, 이는 알뜰한 짠순이 주부들 사이에서는 잘 알려져 있다. 냉장고 안에 의외로 많은 재료들이 나도 모르게 쌓여갈 때가 있다. 확인도 안한 채 집에 있는 재료를 마트에서 다시 사 오기가 일쑤다. 냉장고 안 재료들을 이용해서 냉장고 파먹기를 하면 냉장고 청소도 되지만, 당분간 식비도 절약할 수 있어서 일석이조다.

프로 소비자

우리 삶에는 언제나 아마추어가 있고 프로가 있다. 예를 들면 프로골퍼 들은 골프를 치면서 돈을 벌지만, 일반 아마추어는 골프를 칠 때 오히려 비용을 지불 한다. 결국 긴 시간과 노력 끝에 아마추어를 넘어 프로의 세계에 도달하면 아마추어와는 전혀 다른 대우를 받게 된다. 그것이 많은 사람들이 프로의 세계에 가고 싶어하는 이유일 것이다. 나는 대학에서 피아노를 전공했고, 13년간 아이들을 가르치며 적지 않은 돈을 벌었다. 그러다 30대 초반에 친한 친구의 안내로 네트워크 마케팅 사업을 접하게 되었다. 이 사업을 통해, 단순한 소비자로 남는 대신 평생을 사용해야 하는 생필품을 제대로 사용하고 주변 사람들에게 이 정보를 공유해주면 프로 소비자가 될 수 있었다. 지금은 27년째 하고 있다.

좋은 소비 습관으로 생활비를 절약하고, 꾸준한 저축으로 자산을 구축해 나가면서, 어차피 사용해야 하는 생필품을 똑똑하게 소비하고 주변 사람들과 이 가치를 나누면, 소비 자체가 하나의 수익 활동이 된다. 돈을 받으면서 소비할 수 있는 이런 "프로 소비"습관은 닐리 알려졌으면 한다. 삶을 위해 꼭 필요한 깃들을 사용하면서, 동시에 경제적 혜택을 얻을 수 있는 이 '프로 소비"는 현명한 소비의 지름길이며, 좋은 소비 지출 습관이 될 수 있다.

부를 쌓는 과정은 하루아침에 이루어지지 않는다. 하지만 이런 작은 실천 들을 꾸준히 실천하면, 더 큰 재정적 자유에 가까워질 수 있다. 소비 습관을 점검하고, 지출을 통제하며, 저축과 투자를 병행하는 것은 필수적인 과정이다. 소비를 줄이는 것이 단순히 절약을 넘어 미래를 위한 투자라는 점을 기억해야 한다.

"돈은 단지 도구일 뿐이다. 원하는 곳으로 데려다줄 수 있지만,

당신이 운전자가 아니라면 안 된다."

– 앤 랜드 –

⑤ 자산을 갉아먹는 나쁜 소비 습관 고치기

부를 쌓으려면 무엇보다 소비 습관을 제대로 점검해야 한다. 특히, 많은 사람들이 무의식적으로 가지고 있는 나쁜 소비 습관들이 부의 축적을 방해하는 주된 원인이 된다. 무엇보다 효율적인 소비 습관을 기르는 것이 필수적이다. 나쁜 소비 습관을 지속하면 재정적 자유는커녕 빚만 늘어날 가능성이 크다. 그러나 나쁜 소비 습관을 고치고 올바른 소비 패턴을 형성하면, 더 많은 저축을 하여 재정적 여유를 확보할 수 있다. 경제적 자유를 얻기 위해 반드시 고쳐야 할 몇 가지 소비 습관과 그것을 고쳤을 때 얻을 수 있는 긍정적인 변화에 대해 이야기하겠다.

대출에 의존한 과소비

많은 사람들이 대출을 통해 집을 사고, 차를 구입하는 것은 한국에서도 흔한 일이다. 그러나 대출이 남아 있는 동안에는 그 자산이 사실상 본인의 소유물이 아니라 은행의 소유물이라는 사실을 기억해야 한다. 이자가 더해지면서 실제로 더 많은 돈을 지불하게 된다. 한국은행의 통계에 따르면, 가계 대출의 증가율이 높아짐에 따라 가계 경제의 불안정성이 커지고 있다고 한다. 즉 대출에 의존한 소비는 장기적으로 재정적 자유를 저해하는 요인이 된다. 대출 상환이 끝나야만 그 자산이 온전히 본인의 재산으로 인정받을 수 있기 때문이다. 이처럼 대출을 통한 과소비는 결국 재정적 독립을 지연시키는 요소가 된다.

한국에서 자동차를 할부로 구입 하는 것은 상당한 경제적 손해를 초래할 수 있다. 예를 들어, 새차 구입 시 할부로 차량을 구매하게 되면, 월 평균 할부금은 약 30만 원에서, 70만~80만 원 정도에 달하며, 이는 차량의 가격과 이자율에 따라 달라진다. 현재 이자율은 4~5% 정도로 높기 때문에, 할부기간 동안 상당한 이자 비용이 발생하게 된다.

평생 이런 방식으로 차량을 교체하면서 살아간다면, 자동차를 구매하는 비용만으로도 상당한 금액을 지출하게 되는데, 만약 25세부터 65세까지 매달 50만 원을 투자 대신 차량 할부에 쓴다면, 약 2.4억 원 이상이 소비되며, 만약 이 돈을 투자했을 때, 이자나 복리 효과로 훨씬 더 큰 자산을 형성할 수 있다. 결론적으로, 차량을 할부로 구매하는 것이 지속 되면 경제적 손해가 커지며, 그 대신 이 돈을 투자에 활용할 경우 훨씬 더 나은 재정적 미래를 준비할 수 있다.

'싼 게 다 좋은 것'이라는 착각

사람들은 종종 싸게 물건을 사면 이득을 본다고 생각한다. 하지만 사실 그렇지 않은 경우가 많다. 싸게 구입한 물건이 오히려 장기적으로 더 많은 비용을 초래할 수 있다는 것을 깨달아야 한다. 예를 들어, 저렴한 가전제품은 자주 고장 나고 수리 비용이 더 들 수 있으며, 싼 음식을 섭취하다가 건강을 해쳐 나중에 더 큰 의료비를 지출하게 만들 수 있다.

가격이 싸다는 이유만으로 물건을 선택하는 것은 단기적으로는 이득일지 모르나, 장기적으로는 손해를 볼 가능성이 크다. 전문가들은 가성비를 따질 때 장기적인 내구성과 가치를 고려하라고 권장한다. 물건을 선택할 때는 가격이 아니라 그 물건이 제공하는 가치와 내구성을 기준으로 판단해야 한다. 싸다는 이유로 물건을 선택하다가는 결국 더 큰 손해를 볼 수 있다는 사실을 잊지 말자.

월급에 맞춰 사는 생활의 악순환

월급을 받으면 더 좋은 차나 집을 사고 싶어지는 것은 자연스러운 욕구이다. 그리고 월급이 오를 때마다 생활 수준을 높이는 것이 흔한 패턴이다. 그러나 이러한 습관은 결국 부의 축적을 가로막는 악순환으로 이어질 수 있다. 월급이 늘어나면 그에 맞춰 계속 소비만 증가시키기보다는, 그 추가 소득을 저축과 투자에 사용하는 것이 장기적으로 재정적 안정에 도움을 준다.

월급이 인상되었다고 해서 곧바로 생활 수준을 높이는 대신에, 인상된 금액의 일부를 저축하고 나머지를 재투자하는 것이 바람직하다. 특히 차나 집과 같은 큰 비용이 드는 자산을 구입할 때는, 재정적인 여유를 확보하는 것이 우선이다. 차를 업그레이드하고 집을 더 넓히는 것이 삶의 질을 높이는 것처럼 느껴질 수 있지만, 그보다 중요한 것은 장기적으로 재정적 자유를 얻는 것이다.

예를 들어, 수입이 500만 원일 때 지출을 최소 생활비 300만 원으로 제한하고, 나머지 200만 원을 저축하거나 투자에 사용 한다면, 장기적으로 큰 자산을 쌓을 수 있다. 그러나 수입이 늘어나서 한 달에 700만 원을 벌 때 소비도 같이 늘어나서 생활비로 500만 원을 쓴다면, 500만 원을 벌때 나 700만 원을 벌 때나 저축하는 돈은 200만 원으로 똑같다.

최소한의 생계비를 제외한 돈은 여유 있는 소비를 하기 위함이 아니라 저축하고 투자하는 진짜 경쟁력을 높이기 위함이다. 돈은 벌 수 있을 때 모아야 한다. 남들보다 더 많이 버는 차별화의 의미를 가지려면, 저축과 투자를 더 많이 해야 한다. 수입이 늘어날 때 비례해서 저축이나 투자의 여력도 더 높아져야 함을 꼭 기억하자.

30일 소비 제한 도전

30일 소비 제한 도전은 많은 사람들이 불필요한 소비를 끊고, 돈을 모으는 좋은 방법으로 활용되고 있다. 필수 고정 지출(월세, 공과금, 교통비 등)과 같이 꼭 필요한 항목을 미리 분류하고, 이를 제외한 나머지 모든 선택적인 지출 (쇼핑, 외식, 모임, 여행 등) 지출을 잠시 멈추고 한 달 동안 소비하지 않는다면 놀라울 정도로 많은 돈이 모일 것이다. 이러한 도전은 자신의 소비 패턴을 돌아볼 수 있고, 단지 갖고 싶은 물건인지 꼭 필요한 물건인지 고민해보고 구매하고 소비하는 습관을 기르는 데 도움을 준다.

30일이 끝난 후, 30일 동안 모은 금액과 자신의 소비 습관 변화를 평가해보자. 얼마나 돈을 아꼈는지, 어떤 소비가 줄었는지 기록하고 성취감을 느껴보자. 이를 토대로 앞으로의 소비 계획을 세워보는 것도 좋은 방법이다. 이 30일 소비 제한 도전을 통해 돈 공부 초보자들도 쉽고 효과적으로 소비 습관을 개선하는 데 도움이 될 것이다. 불필요한 지출을 줄이면서, 동시에 재정 관리에 대한 자신감을 키울수 있는 좋은 기회가 될 것이다.

지출 점검: 필요 없는 소비를 줄이자

필요하지 않은 지출을 줄이는 것도 매우 중요한 전략이다. 가끔은 우리가 당연하게 생각하는 지출이 실제로는 불필요한 경우가 많다. 매일 커피를 사 마시거나, 필요 이상의 옷을 사는 등의 소비는 큰 문제가 아니라고 생각할 수 있지만, 이러한 작은 소비들이 쌓이면 결국 예상보다 많은 돈이 빠져나가게 된다. 이런 불필요한 소비 습관을 점검하고 줄이면 그만큼 저축과 투자에 더 많은 돈을 할애할 수 있다.

우선 매달 자신이 지출하는 항목들을 분석해보자. 커피, 외식, 쇼핑 등 주기적으로 자주 소비하는 항목들을 적어보고, 이 중에서 꼭 필요하지 않은 항목을 찾아내자. 예를 들어, 하루에 커피 한 잔에 5천 원을 쓴다면 한 달이면 15만 원, 1년이면 약 180만 원이 빠져나가는 셈이다. 이러한 소비는 집에서 커피를 만들어 마시는 습관으로 바꾼다면 상당한 돈을 절약할 수 있다.

스트리밍, 음악 서비스, 유료 앱 등 매달 자동 결제되는 구독 서비스가 생각보다 많다. 많은 사람들이 필요 없는 구독을 유지하고 있다. 잘 사용하지 않는 서비스는 과감히 해지하고, 꼭 필요한 서비스만 유지하는 것이 좋다. 이렇듯 나의 소비지출 내역을 잘 점검해서 불필요한 소비를 줄이는 것만 해도 한 달에 상당한 금액을 모을 수 있다. 이것이 돈 공부를 통한 재정 관리의 기초이자 돈을 모으는 첫걸음이다. 꼭 필요한 소비 습관으로 더 나은 재정상태를 만들 수 있다.

나쁜 소비 습관을 고쳤을 때 얻는 것

나쁜 소비 습관을 고쳤을 때 미리 계획된 소비를 할 수 있게 된다. 자신의 소비 습관을 돌아보고 통제하는 습관이 생겨나고 이러한 습관이 반복되면 불필요한 소비를 자연스럽게 줄일 수 있게 된다. 한 달 예산을 세우고, 그 예산 안에서 지출하는 연습을 통해 돈을 보다 체계적으로 관리할 수 있게 될 것이다. 그리고 재정적인 여유도 갖게 된다.

나쁜 소비 습관을 고치면 얻게 되는 것은 재정적인 여유에 그치지 않고, 재정적인 건강도 포함된다. 더불어 정신적인 여유와 생활의 질 또한 향상된다. 소비를 줄이고 저축을 늘리면 돈에 대한 걱정은 줄어들고 심리적 안정이 생겨 스트레스도 줄어들게 마련이다. 또한, 재정적인 여유가 생기면 장기적으로 더 나은 투자 기회를 모색할 수 있다. 투자 기회가 많을수록 재정적 자유에 가까워지며, 궁극적으로는 경제적 자유에 한 걸음 더 다가가게 될 것이다.

현명한 소비 습관을 통해 지금부터 차근차근 미래를 준비한다면, 더 큰 재정적 목표를 달성하는 것이 어렵지 않을 것이다. 부의 축적은 꾸준한 노력과 습관의 변화에서 시작된다. 나쁜 소비 습관을 고치고, 재정적 목표를 설정하며, 그 목표를 향해 한 걸음씩 나아간다면 누구나 재정적 독립을 이룰 수 있다. 자신의 재정을 잘 관리하는 것이 자신을 돌보는 가장 중요한 방법 중 하나이다. 오늘부터 소비를 줄이고, 장기적인 가치를 고려하는 현명한 재정 관리 습관을 통해 더 나은 미래를 준비하자.

"돈을 버는 것은 80%가 당신의 행동에 달려 있고,

20%는 지식에 달려 있다"

– 데이브 램지 –

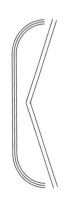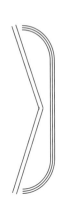

⑥
소비보다 저축:
당신의 우선순위는?

　　20대에서 40대 사이, 이 시기는 아주 중요한 인생의 재정적 전환점이다. 직장 생활을 시작하고, 결혼을 고민하며, 내 집 마련을 고민하는 등 중대한 선택들이 쏟아지는 시기이기도 하다. 이때 재정 관리를 제대로 하지 않고 소홀히 하면 미래의 기회는 금세 사라지고, 경제적 압박에 시달릴 수도 있게 된다. 그래서 바로 이때가 돈을 벌고, 자산을 쌓는 전략을 명확히 세우고 실천해야 할 시기이다.

　　하지만 이러한 전략은 단순한 계획을 넘어서는 생활 습관의 변화에서 시작되어야 한다. '작은 선택들이 모여 큰 결과를 만든다'는 말처럼, 재정적 성공을 이루기 위해서는 소비를 줄이고, 저축을 우선하는 습관을 형성해야 한다. 제임스 클리어(James Clear)가 《아주 작은 습관의 힘》에서 강조한 것처럼 "결과는 하루아침에 나오지 않으며, 작은 습관들이 쌓여 큰 성과를 이끈다."는 원리를 재정 관리에도 적용할 수 있다.

재정 관리의 첫걸음 저축

흘러가는 대로 살다 보면 돈은 계획 없이 새어 나가기 마련이다. 소비는 습관이기 때문에, 무의식적으로 쓰는 돈이 결국 당신을 경제적 여유를 없애고, 부족한 삶으로 이어지며, 결과적으로 미래의 재정적 여유는 더욱 멀어지게 된다. 인생은 기다려주지 않는다. 우리가 무심코 소비하는 적은 금액들이 결국 미래의 재정적 여유를 빼앗아 간다. 따라서 지금부터라도 소비보다 저축을 우선순위로 삼아야 한다.

미래를 준비하기 위해 현재 소득 중 일부를 남겨두고 쌓아가는 것을 저축이라고 한다. 저축은 앞으로 있을 필요니 목적을 위해 준비하는 과정이다. 저축을 생활화하고 지켜나갔을 때. 예상치 못한 상황에서 저축한 돈이 있으면 심리적으로 안정감을 느낄 수 있다. 그리고 적정한 저축 자금이 쌓이면 필요한 결정을 더 자유롭게 내릴 힘을 갖게 된다. 예를 들어 여행이나 자격증 취득 같은 개인 성장에 투자할 수 있는 여유가 생긴다. 미래에 집을 사거나, 창업을 하거나, 자녀 교육비를 준비할 때도 저축이 바탕이 될 수 있다.

저축을 우선적으로 하기 위해서는 나의 소비내역 을 파악해야 한다. 당신이 매달 무엇을 얼마나 쓰고 있는지 구체적으로 알아야 하며, 이는 간단한 예산표 작성으로 시작할 수 있다. 매달 고정적으로 나가는 고정 지출과 변동 지출을 구체적으로 기록하고, 예산을 세우고 자신의 소비 패턴을 분석하면, 불필요한 지출을 줄일 수 있는 부분이 보이기 시작할 것이다. 이렇게 지출을 줄이고 매달 정기적으로 저축할 수 있는 돈의 크기를 정해야 한다. 일정한 금액을 나의 계획과 목표에 맞게 분산 해서 저축을 해야 하기 때문이다.

저축이 부의 시작이다

많은 이들이 "돈을 많이 벌면 부자가 될 것이다"라고 알고 있다. 하지만 실제로는 돈을 버는 것과 돈을 모으는 것은 전혀 다른 문제다. 돈을 버는 것보다 중요한 것은 그 돈을 어떻게 관리하고 불려 나갈 것인가? 이다. 돈을 벌어도 그 돈을 잘 관리하지 못하면 사라지는 것은 시간문제이다. 미국의 재정전문가 데이브 램지는 "급여의 20%를 저축하라"고 한다. 저축은 시간이 지나면서 복리의 힘으로 크게 불어나기 때문이다.

저축을 생활의 중심에 두고 자산을 쌓아가는 습관은 재정적 안정의 토대가 된다. 예를 들어, 월급을 받으면 우선적으로 저축할 금액을 설정하고, 나머지로 생활비인 '선 저축 후 지출'은 불필요한 지출을 줄이고, 자산을 차근차근 모아가는 길로 이끌어 준다.

"돈을 어떻게 관리하느냐가 부를 좌우한다"

돈을 많이 벌어도 관리하지 못하면 결국 그 돈은 사라지기 마련이다. 반면, 적은 돈이라도 현명하게 저축하고 관리하면, 그 돈은 자연스럽게 부로 이어진다. 월급에만 의지하면, 돈을 벌기 위해 생각보다 더 오랫동안 일해야 할지도 모른다. 하지만 매달 버는 월급만으로도 저축과 투자를 병행하면 충분히 자산을 모을 수 있다. 20대에서 40대 사이의 시간은 자산을 모으기 시작하기에 가장 중요한 시기이다. 자산을 쌓지 않으면, 물가 상승 등 경세적 변화에 취약해지게 되기 때문에, 가능한 한 빨리 저축을 통한 자산을 모으는 전략을 세워야 한다.

미국에서 실시된 연구에 따르면, 상위 10%의 부자들은 대부분 자산에서 부를 창출하고 있다. 이들은 소비보다는 자산을 통해 돈을 버는 시스템을 구축하고 있으며, 이는 부의 증식을 가속화하는 역할을 한다. 그 이유는 간단하다. 그들은 많은 자산을 소유하고 있기 때문이다. 돈을 벌기만 하는 것이 아니라, 그 돈을 자산으로 전환하고, 꾸준히 관리하며 부를 쌓아왔기 때문에 그들은 부자의 대열에 오르게 된 것이다.

반면, 월급만 의지하는 사람들은 지출이 늘어남에 따라 경제적 어려움에 직면할 가능성이 높다. 만약 부자가 되고 싶다면, 저축과 투자를 통해 자산을 소유하는 것에 집중해야 한다. 자산은 부를 꾸준히 쌓아가는 가장 효과적인 방법이다. 미국에서 실시한 연구에 따르면, 자산이 많은 사람일수록 재정적 여유가 크고, 경제적 충격에도 흔들리지 않는다고 한다. 이는 한국에서도 동일하게 적용될 수 있다.

65세에 은퇴를 계획하는 대부분의 사람들의 평균 수명은 점점 늘어나고 있다. 평균 수명은 85세 이상까지 늘어나고 있고, 은퇴 후에도 최소 20년에서 30년을 더 살아야 하는 현실이다. 따라서 은퇴 후의 경제적 안정을 위해 지금부터 '은퇴를 위한 저축'을 준비해야 한다. 국민연금 외에도 개인연금을 들어서 보완하거나,

부동산과 같은 안정적인 자산에 투자하는 방법도 고려할 수 있다.

　빠른 은퇴 준비라는 건 없다. 지금부터 꾸준히 자산을 쌓아가면, 은퇴 후에도 경제적으로 자유를 누리며 안정된 삶을 살 수 있다. 미래의 삶을 위해 저축과 투자를 미리 준비하는 것은 곧 나 자신과 내 가족을 위한 최고의 투자이다. 지금부터 자산을 모으기 시작해야 한다.

추가 수입은 무조건 저축하라

　보너스, 세금 환급, 용돈 등 예상하지 못한 추가 수입(엑스트라 머니)이 생겼을 때, 많은 사람들은 그 돈을 자유롭게 써버리곤 한다. 하지만 이런 예기치 못한 돈을 소비로 연결하는 대신 비상금이나 저축으로 돌리는 것이 훨씬 현명한 선택이다. 추가 수입은 일상적인 예산에서 벗어난 돈이기 때문에, 이 중 80%이상을 저축하거나 투자하는 목표를 세우는 것이 좋다. 나머지 20%는 자신을 위한 작은 보상으로 사용해도 좋다.

　이렇게 특별히 계획하지 않으면 돈은 쉽게 사라진다. 추가 수입에 대한 계획이 있다면 삶의 균형도 맞추면서 저축하는 즐거움도 함께 누릴 수 있다. 추가 수입을 저축하는 것은 더 나은 미래의 나를 위한 투자다. 자산을 모으는 과정에서 가장 중요한 것은 '지속성'이다. 장기적으로 소비하지 않고 저축하는 습관을 들이면, 어느새 상당한 자산을 모을 수 있다.

아직 자산을 모으지 못했거나 돈 관리가 익숙하지 않아도, 걱정하지 않아도 된다. 재정 관리는 지금부터 시작하면 된다. 중요한 것은 한 번에 많은 변화를 시도하는 것이 아니라, 작은 습관을 통해 꾸준히 실천하는 것이다. 작은 변화가 큰 결과를 만들어내는 법이다. 늦었다고 생각할 때가 가장 빠른 시작이다. 지금까지 자산이 없다고 좌절하지 말고, 지금부터라도 자산을 쌓고 관리하는 습관을 들이면, 생각보다 빠르게 부를 쌓을 수 있다.

존 그리샴(John Grisham)은 자신의 책 《행복한 부자들의 습관》에서 '작은 선택들이 모여 우리의 삶을 결정한다'는 명언을 남겼다. 재정 관리도 마찬가지다. 당신의 재정적 우선순위는 무엇인가? 소비인가, 아니면 저축과 자산 관리인가? 지금부터 당신의 선택이 미래를 결정한다. 현명한 재정 관리로 경제적 자유를 향해 나아가자.

"저축하는 습관 자체가 교육이다. 이는 모든 미덕을 길러준다"

‒ T.T. 먼거 ‒

"저축이란 지금의 소비를 포기하고
더 큰 것을 얻기 위해 미래를 준비하는 것이다"

‒ 진 차츠키 ‒

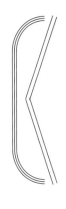

⑦ 부자가 되기 위한 올바른 투자전략

오늘날 많은 사람들은 돈을 어떻게 벌고, 관리하며, 자산을 쌓아야 할지 고민한다. 특히 20대와 30대는 경제적 기반을 다지는 중요한 시기이다. 이 시기에 얼마나 뚜렷한 돈과 자산의 개념을 갖고 현명하게 소비하고 투자하느냐에 따라 미래의 경제적 자유가 좌우된다 해도 과언이 아니다. 여기에서는 부자가 되기위해 필요한 올바른 투자 전략에 대해 다뤄보겠다.

이제 본격적인 자산을 모으기 위해 현명한 투자전략이 필요한 단계인데, 탄탄한 돈 관리로 근육을 만들게 되면, 쉽게 재산을 관리하고 유지할 수 있다. 과소비를 자재하고 본격적으로 노후자금을 준비하기 위한 현명한 투자로, 장기적이고 안정적인 수익을 기대할 수 있는 방향으로 이루어져야 한다. 현대 사회에서는 단순히 돈을 버는 것만으로는 재정적 안정에 이르기 어렵다. 돈을 벌고 관리하며, 나아가 불릴수 있는 방법을 체계적으로 공부하는 것이 중요해졌기 때문이다. 이제 막 재테크를 시작하려는 초보자들을 위해, 저축과 투자를 쉽게 시작 할수 있는 방법들을 소개할 것이다.

자동 저축으로 투자 자금 마련하기

투자의 첫걸음은 바로 저축이다. 많은 사람들이 꼭 큰돈을 모아야 투자할 수 있다고 생각하지만, 사실 소액부터 시작하는 것이 중요하다. 월급을 받아서 일정 금액을 자동으로 저축 계좌로 이체하는 습관을 들여보자. 이렇게 자동이체를 설정하면 불필요한 소비를 막고, 저축을 일상화할 수 있다. 이렇게 모은 자금은 나중에 투자에 활용할 수 있는 좋은 '시드머니'가 된다.

억만장자 그랜트 카돈은 월 소득 중 40%를 우선적으로 매월 저축하라고 한다. 월 소득의 40%를 먼저 떼서 저축하고 난 후 나머지로 최소한의 생활을 해야만 불필요한 소비를 막고 눈에 보이지 않는 자산을 차곡차곡 모을 수 있다. 저축은 투자 자금을 마련하는 기초 단계로, 금액이 크지 않아도 꾸준히 모이면 큰 자산을 만들 수 있다.

예를 들어, 매달 월급의 10%를 자동으로 저축한다면, 1년 후에는 그 금액이 상당히 커질 것이다. 이런 금액은 투자의 시드머니가 될 수 있다. 만약에, 한 달에 30만 원씩 1년 동안 자동 저축을 하면, 연말에는 360만 원이라는 자금을 모을 수 있는 것이다. 이처럼 자동 저축은 적은 금액이더라도 꾸준히 모으면 큰 자산으로 이어질 수 있다는 점에서 매우 효과적인 방법이다.

먼저, IRP(개인형 퇴직연금)와 연금 저축 펀드는 세제 혜택을 제공하는 대표적인 장기 투자 상품이다. 연간 납입액 최대 700만 원까지 세액 공제 혜택을 받을 수 있어 절세 효과가 크다. 또한 장기적으로 5년 이상 투자할 경우 복리 이자가 누적되면서 자산이 자연스럽게 불어난다. 이 상품들은 노후 준비뿐만 아니라 세금혜택을 동시에 누릴 수 있는 좋은 투자 옵션이다. 예를 들어, IRP에 투자하면 매년 소득에 따라 세액 공제로 13.2%~16.5%를 환급받을 수 있으며, 이 환급액은 추가 투자 자금으로 활용될 수 있다. 장기적으로 보면 이러한 세금혜택이 자산 증식에 큰 도움이 된다.

적립식 펀드

적립식 펀드는 소액으로도 시작할 수 있는 좋은 투자 방법이다. 매달 일정 금액을 펀드에 투자하면, 시간의 힘을 빌려 복리 효과를 기대할 수 있다. 이는 주식 시장의 변동성에 직접 노출되지 않고도 안정적인 수익을 얻을수 있는 방법이다. 변동성이 있는 주식 시장에 직접 투자하기 부담스럽다면, 안정적인 수익을 추구하는 적립식 펀드가 좋은 선택이다. 이 또한 개인적인 성향에 맞춰 전문가들의 조언을 받아서 펀드에 투자하기 바란다.

예를 들어, 한 달에 20만 원씩 5년 동안 적립식 펀드에 투자하면, 복리 효과 덕분에 5년 후에는 기대 이상의 수익을 모을 수 있다. 또한 성장주 대신 배당주에 집중된 펀드는 안정적인 수익을 추구하는 투자자에게 적합하다. 특히 최근에는 다양한 펀드 상품이 나와 있어 자신의 투자 성향에 맞는 상품을 선택할 수 있으므로, 전문가와 상의해 투자 계획을 세우는 것이 좋다. 안정적인 수익을 원한다면, 성장주보다는 배당주에 집중된 펀드를 선택하라.

예금과 적금 활용하기

은행의 예금과 적금 상품은 초보 투자자에게 안전한 상품이다.

금리가 낮아도 원금이 보장되며, 큰 위험 없이 일정한 이자 수익도 기대할 수 있으며, 원금을 보장받을 수 있는 안전한 선택이다. 특히 적금은 매달 일정 금액을 저축하고 이자 혜택을 받을 수 있는 상품으로, 투자에 부담을 느끼는 초보자에게 적합하다. 정기예금은 일정기간 목돈을 맡기고, 고정된 이자를 받는 방법으로, 이 또한 원금 보장이 되는 안전한 투자 중 하나다.

예를 들어, 금리가 3%인 적금을 선택해 매달 50만 원씩 1년 동안 저축한다면, 큰 금액은 아니지만, 소액을 꾸준히 모으면 이렇게 추가적인 이자 수익을 볼 수 있다. 적금은 큰 자산 증식에는 한계가 있지만, 초보자들이 자산을 증식하고 목돈을 마련하기 위한 첫걸음으로 삼기에 안전하고 적합한 방법이라 할 수 있다.

주식 투자: 배당주 중심으로

주식 투자는 많은 사람들이 관심을 갖고있지만, 변동성이 크기 때문에 신중한 접근이 필요하다. 주식 투자를 처음 시작하는 초보자라면, 배당금을 주는 안정적인 기업에 투자함으로써 주식 시장에 진입하는 것이 좋다. 배당주는 회사의 이익을 일정 비율로 투자자에게 배분하는 주식으로, 주가가 오르지 않더라도 꾸준히 배당금을 받을 수 있다. 삼성전자, SK하이닉스와 같은 대형 기업들은 매년 배당금을 지급해 꾸준한 현금 흐름을 유지할 수 있게 도와준다.

배당주 투자는 주가 변동에 큰 영향을 받지 않고도 수익을 얻을 수 있고, 장기적으로도 긍정적인 성과를 기대할 수 있는 전략이다. 실제 2023년 삼성전자의 배당금은 보통주 1주당 2% 수준이었고, 이는 삼성전자 주가가 하락했음에도 불구하고 전년과 동일한 배당금이 지급되었다.

소액으로도 가능한 ETF 투자

최근 많은 사람들이 ETF에 관심을 가지고있다. ETF는 장기적으로 꾸준한 수익을 기대하는 투자 상품으로, S&P500 ETF와 나스닥 ETF가 있는데, 이 두 ETF는 미국 대형주 시장을 반영하는 대표적인 투자 상품이다. 여러 주식을 한 번에 묶어 투자 할 수 있으며 분산 투자를 통해 리스크를 줄일 수 있는 장점이 있다. 특히 배당주 ETF는 정기적으로 배당금을 지급받을 수 있어, 주식의 변동성과 무관하게 꾸준한 수익을 얻고자 하는 투자자에게 적합하다. ETF는 주식처럼 거래되기 때문에, 원하는 시점에 쉽게 매매할 수 있다. 주식 시장에 진입하기 전에 안정적인 수익을 얻고 싶은 초보 투자자들에게 적합하며, 소액으로도 투자할 수 있다.

우리나라에서도 손쉽게 접근할 수 있으며, S&P 500의 연평균 수익률은 약 7%에서 10%로 평가된다. 이 수익률은 경제 성장과 기업 이익 증가에 기반하며, 특히 복리 효과를 통해 장기 투자가 매우 유리하다. 예를 들어, 5년 이상의 투자기간 동안 복리로 운용되었을 때 시간이 지날수록 수익이 극대화된다. 반면, 나스닥 100 ETF는 기술주에 집중투자하는 만큼 수익률 변동성이 크다. 하지만 연평균 수익률은 약 12%~17%로 높다. 특히 빅 테크 기업의 성장이 두드러졌던 지난 몇 년 동안 나스닥 100지수의 성과는 매우 우수했다.

한국 시장에서도 다양한 ETF가 있으며, 대표적으로 코스피 200 ETF와 TIGER 200 ETF등이 있다. 코스피 200 ETF는 한국의 대형주에 투자하며, 연평균 수익률은 변동이 있지만, 보통 6%~8% 내외로 알려져 있다. 다른 ETF들도 섹터별로 나뉘어 있어, 산업재, 헬스케어, IT 등 당양한 분야에 투자할 수 있다.

최근 몇 년 동안 국내 ETF 수익률은 글로벌 경제 상황과 국내 시장 동향에 따라 변동이 컸기 때문에, 장기적인 관점에서 수익률을 반드시 고려해야 한다. 따라서 미국과 한국의 ETF 상품 모두 장기 투자를 통해 꾸준한 수익을 기대할 수 있는 투자 옵션이다. 예를 들어 10만 원만 있어도 다양한 주식으로 구성된 ETF에 투자할 수 있다. 이는 한 종목에 집중투자하는 것보다 리스크가 분산되어 안정적이다. 또한, ETF는 주식 시장 전체의 흐름을 반영하므로, 장기적으로 보면 안정적인 수익을 기대할 수 있다.

장기적 투자 습관 들이기

마지막으로 중요한 것은, 단기적인 수익을 기대하기보다는 장기적으로 꾸준히 투자하는 습관을 들이는 것이 중요하다. 시간을 두고 자산을 천천히 불려가는 것이 더 현명한 투자 전략이다. 시간의 힘을 이용한 복리의 마법을 경험하려면, 적은 금액이라도 매달 꾸준하게 투자하는 습관을 들이면, 시간이 지나면서 큰 자산을 쌓을 수 있다.

예를 들어, 매달 30만 원씩 10년 동안 주식에 투자한다면, 단순히 원금 3,600만 원에 그치지 않고, 복리 효과로 인해 더욱 큰 자산을 만들 수 있다. 특히 주식이나 펀드 투자에서 시간을 두고 꾸준히 투자하는 것은 리스크를 줄이는 동시에, 놓은 수익을 기대할 수 있는 가장 확실한 방법이다.

결론적으로, 저축과 투자는 결코 거창한 것이 아니다. 소액이라도 꾸준히 시간을 통해 모으고, 투자를 지속하는 습관을 들이는 것이다. 왕초보도 쉽게 실천할 수 있는 위의 방법들을 통해, 재정적 안정을 찾고 자산을 늘려나가는 길에 한 걸음 더 다가가 길 바란다.

부자가 되는 핵심 전략

부자가 되기 위해서는 소득이 늘어난다고 해서 무조건 지출을 늘리기보다는, 지출을 일정하게 유지하고 남는 돈을 저축하거나 투자에 활용하는 것이 핵심이다. 수입이 늘어도 지출을 함께 늘리면, 부자가 되기는커녕 계속해서 돈이 부족한 삶을 살게 된다. 하지만 지출을 일정하게 유지하고, 그 차액을 자산으로 전환한다면, 빠르게 재정적 자유를 얻을 수 있다.

사람들은 더 많은 돈을 벌기 위해 돈을 사용하지만, 그 중 일부는 단지 더 부유해 보이기 위해 소비하는 경향이 있다. 그러나 부자가 되는 것은 단순히 수입의 크기가 아니라, 그 돈을 어떻게 활용하느냐에 따라 달라진다. 진정한 부를 쌓는 방법은 불필요한 소비를 줄이고, 그 돈을 투자해 자산을 불리는 데 있다. 겉모습만 부유해 보이는 과도한 지출은 일시적으로 만족감을 줄 수 있지만, 장기적으로는 재정적 성장을 저해할 뿐이다. 결국 외형적인 부를 꾸미기 위한 소비는 실제 자산 축적에 아무런 도움이 되지 않는다. 재정적으로 성공하려면 소비와 투자의 경계를 명확히 인식하고, 장기적인 재정 목표를 설정하는 것이 필수적 이다.

어쩌다 어른이 된 우리는 생각보다 재정적 관리에 대해 잘 모르는 경우가 많다. 대부분은 주변 사람들의 소비 습관을 눈치껏 보고 배우며 성장해왔고, 자연스럽게 그들의 행동을 모방하기도 했다. 하지만 이렇게 남을 따라 하는 방식은 개인의 재정적 목표와 상황에 적합하지 않을 수 있으며, 오히려 재정적 문제를 야기할 가능성이 크다.

이제 우리는 자신의 소비와 투자 습관을 객관적으로 돌아보고, 현명한 선택을 해야 한다. 단기적인 만족을 위한 과소비를 피하고, 장기적으로 자산을 불릴 수 있는 계획을 세워야만 진정한 부를 이룰 수 있다.

따라서 우리는 재정적 자유를 향한 첫걸음으로, 자신의 경제 상황에 맞춘 돈 사용법을 익혀야 한다. 남을 모방하는 대신 자신의 목표에 맞춰 현명한 결정을 내리는 것이야말로 부의 축적에 이르는 올바른 길이다.

지금이야말로 재정 관리와 자산 증식에 대해 진지하게 고민하고, 행동할 시기이다. 부자가 되는 길은 복잡하지 않다. 꾸준히 저축하고, 불필요한 소비를 줄이며, 남는 돈을 자산에 투자하는 것이다. 은행에 돈이 쌓이는 것이 아니라, 돈이 당신을 위해 일하도록 만드는 것이 중요하다. 이 원칙을 지킨다면, 미래의 당신은 경제적으로 자유롭고 풍요로운 삶을 누릴 수 있을 것이다.

"성공적인 투자는 지식이 아니라 성향에 달려 있다."

– 워렌 버핏 –

4장

/

미래를 위해
오늘 할 수 있는
한 가지

"원 체인지": 자기계발

어느 시대든 상위 5%의 부자는 일정한 비율로 존재한다. 이들은 특별한 운이나 학벌로 성공한 것이 아니라, 원칙을 지키며 꾸준히 노력한 사람들이다. 미국을 중심으로 서구에서는 일찍부터 부자에 대한 연구가 활발하게 전개 되어왔고, 1900년대 말부터 2000년대를 접어 들면서 한국의 서점에도 자기계발 서적과 성공학, 부자학이라고 부르는 성공과 관련된 책들이 쏟아졌다.

미국의 부자 연구의 대표학자인 토마스J. 스탠리는 자신의 저서《백만장자 마인드》라는 책에서 백만장자들의 성공 비결로 정직, 성실, 그리고 배우자의 지지 등을 꼽았다. 우리가 흔히 생각하는 좋은 학벌이나 뛰어난 스펙은 그리 중요한 요소가 아니다. 이는 성공을 위해서는 자신의 성품을 기르고, 원칙적인 삶을 살아야 한다는 사실을 시사한다.《성공하는 사람들의 7가지 습관》

으로 우리에게 잘 알려진 스티븐 코비도 마찬가지로 성품을 키우는 중요성을 강조하고 있다.

하지만 자신의 정신세계를 성장시키는 일은 결코 쉬운 일은 아니다. 성장을 위해서는 먼저 변화를 선택해야 하기 때문이다. 이는 곤충이 고치를 벗고 성충이 되듯, 일정한 과정을 거쳐야 하는 일이다. 자기계발을 위해 중요한 것은 변화를 선택하고 그에 맞춰 작은 습관을 지속적으로 행동하는 것이다. 변화는 많은 시간을 필요로 한다. 우리가 스스로 변화할 것을 선택하였다면 성장하는 것은 시간이 지나면서 뒤따르게 된다. 변화하고자 하는 노력은 습관을 통하는 것이 가장 쉬운 방법이기 때문이다.

오늘부터 우리가 할 수 있는 작은 변화, 즉 '원 체인지'를 시작하는 것은 자기계발을 위한 첫걸음이 될 것이다. 현대인들은 TV 중독, SNS 탐닉, 불필요한 모임 등에 많은 시간을 빼앗기고 있다. 이러한 소모적인 활동을 줄이고, 자신이 원하는 삶을 그리며 이를 위한 습관들을 만들기 시작해야 한다. 우리가 현재 누리고 있는 삶은 과거에 자신이 선택한 습관과 행동의 결과물이다. 그렇기 때문에 미래를 바꾸고 싶다면 오늘부터 자신의 습관을 변화시켜기를 결정 해야 한다.

이번 장에서는 지금 이대로의 나로부터 변화를 위한 새로운 성공습관을 만드는 훈련 사이클을 제시할 것이다. 수많은 꿈을 이루고 성공한 삶을 살아가는 부자들이 했다면, 우리도 누구나 할 수 있다. 작은 습관의 변화로부터 원하는 삶으로의 여정을 위한 행동 실천 사항이다.

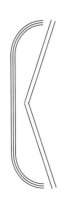
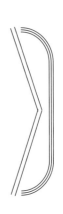

①
시간관리:
우선 순위 관리 하기

시간은 돈과 마찬가지로 한정된 자원이다. 따라서 시간을 어떻게 사용하느냐에 따라 인생의 결과가 크게 달라질 수 있다. 특히, 돈을 관리하고 자산을 모으기 위한 과정에서는 시간을 효율적으로 활용하는 것이 필수적이다. 그러나 사람들은 시간의 중요성을 간과한 채 급한 일에 쫓기며 하루를 마무리한다. 이런 삶의 방식은 장기적인 성과를 내기 어렵다. 그렇다면 시간을 더 효율적으로 사용하는 방법은 무엇일까?

스티븐 코비 박사의 책《성공하는 사람들의 7가지 습관》에서는 시간 관리의 중요성을 강조하며 이를 네 가지로 분류한 '시간 관리 매트릭스'를 제시한다. 이 매트릭스는 우리가 어떤 일에 얼마나 많은 시간을 투자해야 할지 결정하는 데 유용한 기준을 제공한다. 특히 '제2 사분면'은 급하지 않지만 중요한 일에 해당되는 활동을 포함한다. 예를 들어 장기 목표 수립, 재정 계획, 자기계발, 운동 등이 여기에 속한다. 이 사분면에 시간을 우선적으로 투자하면 단기적으로는 변화가 느리게 보일 수 있지만, 장기적으로는 더 나은 삶을 만들어주는 중요한 열쇠가 된다. 대부분의 성공한 사람들은 이 제2 사분면에 집중하고 시간을 투자했다.

돈을 관리하는 과정에서도 이러한 시간 관리 전략은 유용하다. 재정 계획을 세우고, 소득과 지출을 점검하며, 투자전략을 고민하는 일들은 모두 제2 사분면에 속하는 중요한 활동이다. 하지만 이 과정은 당장의 결과가 눈에 보이지 않기 때문에 쉽게 우선순위에서 밀려버리곤 한다. 대부분의 사람들은 급한 일에 치어 재정 관리와 같은 중요한 일을 미룬다. 그러나 급하지 않지만 중요한 일, 즉 장기적인 재정 목표를 위해 시간을 더 많이 꾸준히 투자해야 한다.

시간을 관리하는 또 다른 방법은 하루의 우신순위를 정하는 것이다. 우리는 하루를 시작하며 여러 가지 할 일을 마주하게 되는데, 이때 단순히 급한 일만 처리하는 것이 아니라 중요한 일에 우선순위를 두는 것이 필요하다. 특히 재정 관리에 있어서는 지출 내역을 점검하거나 투자 공부를 하는 등, 지금 당장 긴급하지 않지만, 미래를 위해 꼭 필요한 일들을 꾸준히 해야 한다. 이런 일에 작은 시간이라도 확보해서 매일 투자하자. 시간을 어떻게 사용하는지에 따라 장기적으로 재정적 안정성을 확보할 수 있을 것이다.

예를 들어, 자산을 모으기 위해서는 단순히 저축하는 것만으로는 부족하다. 시간을 투자하여 재정상태를 점검하고, 소득 대비 지출을 분석하며, 이를 바탕으로 투자전략도 세워야 한다. 이런 과정은 당장 눈에 띄는 결과를 가져오지 않을 수 있지만, 장기적으로는 경제적 자유를 이루는 데 큰 도움이 된다. 돈과 시간은 유한한 자원이므로, 이를 효율적으로 사용해야만 재정적 목표를 달성할 수 있다.

또한, 시간 관리의 핵심은 꾸준함이다. 작은 습관이라도 지속적으로 실천하는 것이 중요하다. 사람들이 처음에는 큰 결심을 하고 재정 관리나 자기계발에 시간을 투자하지만, 시간이 지나면 점차 그 열정을 잃고 나태해지는 경우가 많다. 하지만 하루에 10분씩만이라도 꾸준히 재정상태를 점검하고, 투자나 저축에 대해 공부한다면, 그 작은 노력이 쌓여 큰 변화를 이끌어낼 수 있고,

마치 운동을 하듯이, 시간 관리를 통해 재정적인 목표도 달성할 수 있다.

시간을 효율적으로 사용하기 위해서는 먼저 자신이 하루를 어떻게 보내고 있는지 돌아봐야 한다. 시간을 낭비하고 있는 요소들을 파악하고, 그 시간을 자기계발이나 재정 관리를 위한 유익한 활동으로 바꾸는 것이 중요하다. 이를 위해 일일 또는 주간 계획을 세우고, 시간을 어떻게 배분할지 미리 정해두는 것이 효과적이다. 특히, 스마트폰이나 TV 시청 등 불필요하게 많은 시간을 소모하는 활동을 줄이고, 이렇게 확보된 시간을 공부하거나 재정 계획을 세우는 데 사용할 수 있다.

스티븐 코비 박사는 시간 관리를 통해 장기적으로 더 많은 기회를 창출할 수 있다고 말한다. 급하지 않지만 중요한 일에 시간을 투자하면 당장의 문제는 줄어들고, 오히려 시급하면서 중요한 일들이 양이 더 줄어든다고 말한다. 이는 재정 관리에서도 동일하게 적용된다. 단기적인 소비에 집중하기보다는 장기적인 자산 관리를 통해 미래를 준비하는 것이 더 현명한 선택이며, 미래에는 더 많은 기회를 확보하게 될 것이다.

자산을 늘리기 위한 시간 관리 방법 중 하나는 재정적 사명서를 작성하는 것이다. 사명서는 내가 장기적으로 이루고자 하는 재정적 목표를 명확하게 설정하고, 이를 실천하기 위한 계획을 세우는 과정이며, 나의 시간을 어디에 우선적으로 사용해야 할 것인지 명확하게 해준다. 이 과정에서 중요한 것은 현실적인 목표를 설정하고, 목표를 달성하기 위한 구체적인 방법을 찾는 것이다. 이렇게 장기적인 계획을 세우고 꾸준히 실천한다면, 그 과정에서 돈과 시간을 더욱 효율적으로 관리할 수 있게 된다.

결국, 시간을 어떻게 관리하느냐에 따라 돈을 관리하는 능력도 달라진다. 시간이 곧 돈이라는 말은 단순한 격언이 아니다. 우리가 하루하루 시간을 어떻게 사용하는지에 따라 우리의 재정 상태는 점차 개선될 수 있다. 시간을 효율적으로 사용하고, 장기적인 목표를 위해 투자할 때, 우리는 보다 안정적이고 풍요로운 미래를 준비할 수 있다.

〈나의 재정적 사명서〉
나는 돈을 올바르게 관리함으로써 경제적 자유를 이루고, 더 나아가 선한 영향력을 끼치는 삶을 살고자 한다. 돈은 나의 삶을 풍요롭게 하는 도구이지만, 결코 내 삶의 목적이 될 수 없다. 나는 다음 원칙을 지키며 재정을 운영한다.

1. 버는 것보다 적게 쓰며 살아간다.

과소비의 유혹을 이겨내고, 검소한 삶을 실천하여 재정적 안정과 평안을 유지한다.

2. 먼저 저축하고, 남은 돈으로 생활한다.

돈이 들어오면 가장 먼저 저축과 투자로 미래를 준비하고, 그 후에 생활비를 계획적으로 사용한다.

3. 카드 사용을 지양하고, 현금 사용을 원칙으로 한다.

소비의 충동을 줄이고, 돈의 가치를 온전히 느끼며 계획적인 지출을 실천한다.

4. 자산을 통해 돈이 흐르게 만든다.

노동 소득에만 의존하지 않고, 자산을 활용해 지속적인 현금 흐름을 만들어 경제적 자유를 이룬다.

5. 성경적 원칙을 실천하는 '성부(聖富)'가 된다.

정직하고 성실하게 돈을 벌며, 나눔과 기부를 실천하여 더 많은 사람들에게 선한 영향을 미친다.

나는 이 원칙을 철저히 따르며, 돈의 노예가 아니라 돈의 주인이 되는 삶을 살아갈 것이다.

0000년 0월 0일

(서명) OOO

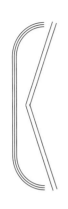

②
운동으로
몸과 마음을 건강하게

운동의 중요성을 우리는 이미 잘 알고 있다. 건강을 잃으면 모든 것을 잃는다는 말처럼, 우리의 삶에서 건강은 가장 기본적이고 중요한 요소이다. 건강한 몸은 물론 정신적으로도 균형을 유지하며, 삶을 더 풍요롭게 살아갈 수 있게 해준다. 그리고 이것은 경제적 자유를 꿈꾸는 돈공부 왕초보 어른들에게도 중요한 부분이다. 경제적 자유를 이루기 위해서는 재정 관리만큼이나 우리의 몸과 정신이 건강해야 한다. 결국, 건강한 몸을 유지하는 것이 재정적 성공의 중요한 기초가 된디는 것을 잊지 말아야 한다.

건강과 돈, 그 둘의 관계

우리가 돈에 대한 공부를 하고, 더 나은 경제적 미래를 꿈꾸는 이유는 무엇일까? 사람들은 더 나은 삶을 살기 위해 돈을 벌고, 재정적 자유를 목표로 한다. 그러나 재정적 자유는 건강한 삶을 유지하지 못한다면, 아무리 많은 돈이 있어도 그 돈을 누리며 살수 없게 된다. 경제적 자유를 달성하기 위해서는 건강한 몸이 필수적이다. 왜냐하면 돈을 버는 과정에서도 건강이 뒷받침되지 않으면 에너지가 고갈되기 쉽고, 장기적인 목표를 달성하는 데 큰 장애가 되기 때문이다.

작은 습관에서 시작하는 변화

건강한 몸을 만들기 위해 우리가 할 수 있는 가장 기본적인 일은 운동이다. 하지만 많은 사람들이 운동을 시작하려고 할 때 너무 많은 목표를 설정하거나 지나치게 무리한 계획을 세우는 경향이 있다. 그러다 보면 금세 지치고 포기하게 된다. 한 번에 많은 변화를 시도하는 것이 아니라, 자신에게 맞는 운동을 한 가지씩 지속 가능한 도전을 추가해 보자. 예를 들어, 매일 아침 간단한 스트레칭부터 시작해보는 것이 좋다. 스트레칭은 몸의 유연성을 높여주고, 긴장된 근육을 풀어주어 하루의 시작을 상쾌하게 만들어준다.

그 다음 단계로는 가벼운 걷기나 운동을 추가할 수 있다. 처음에는 10분 정도로 시작해도 충분하다. 중요한 것은 그 작은 변화를 지속하는 것이다. 매일 10분씩 걷는 습관이 쌓이면 어느새 30분, 1시간씩 걷는 것이 자연스러워질 것이다. 이런 작은 습관들이 쌓여 건강한 몸을 만들어주고, 그로 인해 정신적 에너지도 함께 상승하게 된다.

운동이 주는 정신적 건강

운동은 단순히 몸을 건강하게 만드는 것에 그치지 않고, 정신적인 건강에도 중요한 영향을 미친다. 운동할 때 몸을 움직이며 에너지를 소비하지만, 그 과정에서 스트레스가 해소되고 마음이 정리되는 경험을 하게 된다. 몸을 움직이면서 땀을 흘리는 것만으로도 쌓여 있던 피로와 스트레스가 풀리는 것을 느낄 수 있다. 그리고 이런 경험은 정신적인 에너지를 충전시켜 주며, 더 긍정적인 사고를 하게 만들어 준다.

육체와 정신은 밀접하게 연결되어 있다. 몸이 건강해지면 자연스럽게 정신적으로도 활기가 생기고, 그로 인해 더 나은 선택을 하게 된다. 우리가 경제적 자유를 이루기 위해 돈을 공부할 때도, 건강한 몸과 정신이 뒷받침되어야 더 나은 재정적 결정을 내릴 수 있다. 스트레스를 받거나 몸이 피곤한 상태에서는 제대로 된 판단을 내리기 어렵기 때문이다.

지속 가능한 운동의 필요성

운동을 꾸준히 하기 위해서는 무리하지 않는 것이 중요하다. 처음부터 과도한 목표를 세우면 지치기 쉽다. 작은 목표를 설정하고 점진적으로 운동량을 늘려가는 것이 좋다. 예를 들어, 하루에 5분씩 시작해서 일주일 후에는 10분, 한 달 후에는 30분으로 늘리는 식으로 점차 운동량을 늘려가는 것이 바람직하다. 중요한 것은 매일 꾸준히 실천하는 것이며, 그것이 쌓여 큰 변화를 가져올 수 있다는 사실을 꼭 기억하자.

또한, 운동은 단순히 몸을 단련하는 것뿐만 아니라 운동을 통해 얻는 긍정적인 에너지는 우리의 삶 전반에 영향을 미친다. 운동 하면서 얻게 되는 자신감과 성취감은 우리를 더욱더 긍정적이고 자존감이 높은 사람으로 만들어주며, 경제적 목표를 달성하는 과정에서도 큰 도움이 된다. 그로 인해 경제적 목표를 향한 의지와 동기부여도 더 강해진다. 건강한 몸과 정신을 가진 사람은 재정적 어려움이 닥쳤을 때도 더 침착하게 대응할 수 있고, 장기적인 관점에서 더 현명한 판단을 내릴 수 있다.

건강한 몸이 부르는 경제적 자유

결국, 경제적 자유를 이루기 위해서는 건강한 몸이 필수적이다. 건강을 잃으면 그 어떤 재정적 성공도 의미가 없기 때문이다. 건강한 몸은 더 많은 일을 할 수 있게 만들어주며, 더 많은 기회를 얻게 해준다. 예를 들어, 건강하지 않은 상태에서는 새로운 도전이나 기회를 잡을 수 있는 에너지가 부족하지만, 건강한 몸을 유지하면 언제든지 새로운 기회에 도전할 수 있는 준비가 되어 있는 것이다.

건강한 몸을 만드는 것은 단지 신체적인 건강을 위한 것이 아니다. 그것은 경제적 자유를 이루기 위한 중요한 기초이기도 하다. 건강한 몸과 정신을 유지해야만 재정적 목표를 달성하는 과정에서 더 나은 선택을 할 수 있고, 더 많은 기회를 잡을 수 있다. 그래서 왕초보 어른들에게는 돈 공부뿐만 아니라, 운동을 통한 건강한 삶의 습관도 필요하다. 그 습관의 변화가 결국 경제적 자유를 향한 길을 더 밝게 열어줄 것이다. 건강한 몸과 함께 건강한 재정적 미래를 만들어가자.

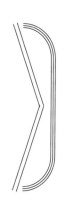

③
책읽기:
지식을 쌓는 습관

책은 오랜 시간 동안 인간의 지식과 경험을 축적해온 중요한 도구로, 자기계발의 핵심적인 역할을 해 왔다. 나 또한 20년 넘게 책을 읽어왔다. 그러나 단순히 책을 읽는 것만으로는 삶에 큰 변화를 일으키기 어렵다는 사실을 깨닫는 데는 많은 시간이 걸렸다. 궁금한 게 있으면 책을 펼쳤고, 답을 찾고 싶을 때마다 또 책을 집어 들었다. 읽고, 또 읽었다. 그 덕에 머릿속에 지식은 차곡차곡 쌓여갔지만, 나의 삶은 크게 변하지 않았다. 책 속의 지혜를 알고 있음에도 불구하고, 그 지식을 실천해서 행동으로 옮기지 않았기 때문에 현실은 여전히 제자리 걸음 이었다.

하지만 나는 꾸준히 책을 읽었다. 책은 한 사람의 20~30년의 경험과 삶의 지혜를 담고 있으며, 한 저자의 삶의 지혜를 단 몇 시간 만에 내 것으로 만들 수 있는 가장 강력한 도구이다. 그럼에도 불구하고 그 지혜를 실제 삶에 적용하지 않으면, 지식은 그저 머릿속에만 머물다 희석될 뿐이다. 나 또한 오랜 시간 그저 책을 읽기만 했고, 지식을 쌓는 데만 집중했다. 하지만 지식이 쌓였다고 해서 내 삶이 자동으로 변화하는 것은 아니었다. 결국, 나는 한 가지 중요한 사실을 깨달았다. 지식은 '아웃풋'이 되어야만 비로소 의미가 있다는 것. 즉, 내가 배운 것을 꺼내어 삶에 적용하고 행동으로 옮겨야만 진정한 변화가 일어난다는 것을 말이다.

책을 읽고 그 내용을 이해하는 것도 중요하지만, 책에서 얻은 지식은 반드시 내 삶에 적용해야만 진정한 지혜로써 의미를 가지게 된다. 이는 버크 해지스가 《Read & Grow Rich》에서 강조한 바와 같다. 그는 독서를 제대로 하는 사람들과 미국 내 부자의 비율이 일치한다는 사실을 밝혀냈다. 그 이유는 간단하다. 책을 통해 우리는 다른 사람의 경험과 지혜를 배울 수 있고, 그것을 자신의 삶에 적용하고 실천하는 것이 진정한 성공으로 이어지기 때문이다. 책을 읽으며 내면을 성장시키고, 그 지식을 실천으로 옮기는 과정이야말로 성공의 비결이다.

책 읽기가 성공으로 가는 필수 요소임에도 불구하고, 사람들은 책 읽기를 어려워한다. 첫 장을 넘기면 앞장의 내용이 기억나지 않거나, 책을 읽다 보면 졸음이 쏟아지는 경험을 자주 한다. 나도 처음에는 그랬다. 하지만 중요한 것은 꾸준히 책 읽는 습관을 만들어야 한다는 것이다. 처음부터 장시간 책을 읽는 것이 어렵다면, 하루 5분씩부터 시작해 점차 시간을 늘려가면 된다. 이렇게 작게 시작해 꾸준히 실천할 때, 우리는 큰 변화를 경험할 수 있다. 책은 단순히 정보를 전달하는 도구가 아니라, 우리의 사고방식과 삶의 태도를 변화시키는 강력한 수단이다.

책을 통해 배운 지식은 삶의 문제를 해결하는 데 필요한 통찰을 제공한다. 워런 버핏이나 빌 게이츠 같은 전 세계적으로 크게 성공한 인물들도 독서를 통해 끊임없이 배우고 성장했다. 워런버핏은 매일 5시간 이상 독서를 했으며, 빌 게이츠는 한 해에 50권 이상의 책을 읽는다고 한다. 이들의 성공 뒤에는 꾸준한 독서와 이를 기반으로 한 실천이 있었던 것이다. 책을 통해 다른 사람의 경험과 지혜를 배우고, 그 가르침을 자신의 삶에 적용하는 것이야말로 성공적인 삶으로 나아가는 길이다.

프랭클린 루즈벨트 대통령 또한 끊임없는 자기 성장을 위해 독서에 몰두했다. 그는 평생 책을 가까이 두었고, 이는 그가 미국

정치의 아버지로 불리는 이유 중 하나이다. 그의 사례는 책 읽기가 단순한 지식 습득을 넘어, 자기 성찰과 성장을 위한 도구임을 보여준다. 이처럼 성공한 사람들은 모두 독서를 통해 자신을 발전시키고, 살면서 크고 작은 문제를 해결할 수 있는 지혜를 얻었다.

물론, 디지털 시대에 우리는 스마트폰과 같은 여러 기술적 도구에 둘러싸여 있다. 이러한 환경에서 책을 읽는 시간이 줄어드는 것은 자연스러운 현상일 수 있다. 하지만 독서만큼 깊이 있는 성찰과 지식을 제공해줄 수 있는 도구는 많지 않다. 전자기기의 알림을 꺼두고, 책에만 집중하는 시간을 정기적으로 가지는 것도 중요한 습관이다. 이를 통해 우리는 한층 더 깊은 사고를 할 수 있는 시간을 얻을 수 있다.

책 속에서 배운 지식을 내 삶에 적용하고, 실천하는 것이야말로 진정한 성장의 시작이다. 작은 습관이라도 꾸준히 이어갈 때, 우리는 성공적인 삶으로 나아갈 수 있다. 책을 통해 내면을 성장시키고, 그 지식을 행동으로 옮길 때, 우리는 진정한 변화를 경험할 수 있다.

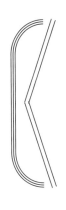

④
성공 사이클
(Success Cycle)

성공의 실천 방법은 사람마다 다르며, 꼭 성공 사이클을 반복해야만 지속 가능한 성장을 이룰 수 있는 것은 아니다. 상황에 따라 성공 사이클의 단계가 필요하지 않을 수도 있지만, 성공 사이클은 구체적인 계획과 행동, 성과를 측정할 수 있는 구조를 제공하기 때문에, 사람들이 이를 통해 재정과 건강 그리고 경력에서 확실한 목표 달성과 지속적인 성장으로 큰 성과를 얻고 있다.

'성공습관 사이클' 개념은 작은 행동을 반복적으로 수행하면서 점점 더 큰 성과를 이루어내는 것이다. 이 사이클의 시작은 인지와 행동 이론에서 비롯된 것으로, 작은 목표를 달성하면 긍정적인 습관이 형성되고, 이는 더 큰 목표를 추구할 동기부여로 이어진다고 보고 있다. 한국 정서의 개념으로는 바로 '선순환'의 개념과 유사한데, 워런 버핏의 성공사례가 이러한 성공습관 사이클의 대표적인 예로 볼 수 있다. 그는 오랜기간 동안 꾸준히 투자하고, 수익을 재투자하면서 자산을 증대해 왔다. 작은 1%의 개선이 쌓이면서 큰 변화를 가져온다는 점을 강조하며, 일상에서 작은 습관을 지속하면 장기적으로 삶을 변화시킬 수 있다.

성공습관 사이클은 먼저 꿈을 설정 → 목표 → 계획 → 행동 → 습관의 단계로 구성되어 있으며, 이 단계들은 개인이 원하는 삶을 달성하는 데 중요한 역할을 한다. 이 사이클은 반복될수록 성공의 확률이 높아지며, 각 단계가 유기적으로 연결되어 있어 하

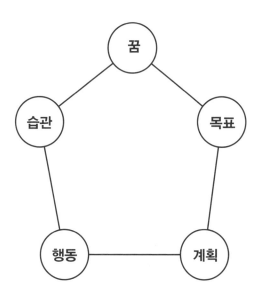

나의 단계를 건너 뛰거나 소홀히 하면 원하는 성과를 얻기가 어려워 질 수 도있다.

이 성공 사이클은 일관성 있는 목표 관리가 가능하며, 이는 불필요한 시간 낭비를 줄이고, 중요한 목표에 집중할 수 있도록 돕는다. 특히 재정이나 경력에서 한정된 자원을 최대한 활용해야 할 때 이러한 집중력은 큰 이점이 된다. 그리고 실행과 성취감은 축적이가능하며, 이는 반복된 행동을 통해 점차 습관으로 형성하게 되고, 이 습관이 안정적으로 자리 잡으면서 장기적인 성과로 이어질 가능성이 높기 때문이다. 예를 들어 건강 관리를 위해서 매일 운동하는 습관을 들임으로써 장기적으로 더 나은 건강 상태를 유지할 수 있는 것이다.

반복적인 성찰과 개선을 원하는 꿈이나 목표가 있으면 이 성공 사이클을 통해 좋은 결과를 얻을 수 있다. 성공 사이클의 가장 큰 장점 중 하나는 주기적인 성찰과 조정을 통해 목표와 꿈을 달성하는 방식을 최적화할 수 있다는 점이다. 확실히 목표 달성과 지속적인 성장을 지원하는 강력한 도구임에 틀림이 없다.

어떤 일을 하던 습관화되었을 때의 좋은 점은 여러 가지가 있다. 의식적인 노력이 없어도 행동을 반복할 수 있어 에너지를 절약할 수 있다. 꾸준한 습관적 행동은 자기관리를 돕는다. 이를 통해 자신감이 생기고, 점점 더 높은 목표를 세워나가는 동기부여가 되며, 삶의 질이 향상된다. 그리고 습관화된 행동은 지속적으로 쌓여서 큰 성취감으로 돌아온다. 작은 성취들이 쌓이면서 자신에 대한 신뢰가 높아지고, 이는 더 큰 도전에서도 긍정적인 영향을 주게된다.

예를 들어, 규칙적인 운동이나 독서는 건강이나 지식을 쌓아가며, 시간이 지나면서 성공의 밑바탕이 될 수 있다. 결국 성공 사이클은 이런 성공습관을 만들어내며, 반복되는 성공습관은 개인의 성장을 돕고 삶의 여러 방면에서 선순환을 만들어낸다. 자기계발은 처음 출발점의 자신과는 전혀 다른 나를 향해 가는 긴 여정이다. 오랜 시간이 걸리는 만큼 이런 성공의 행동들을 습관화하고, 성공습관 사이클을 반복함으로써 원하는 목표까지 도달하게 될 것이다.

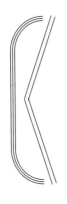

⑤
꿈 설정

성공 사이클의 시작은 자신이 진정으로 이루고 싶은 꿈을 설정하는 것이다. 이 단계에서 개인의 열정과 욕구를 발견하고, 이를 통해 명확한 방향성을 얻게 된다. 우리는 모두 경제적 자유라는 꿈을 가지고 있다. 특히 왕초보 어른들에게는 이 꿈이 어쩌면 너무 멀게만 느껴질지도 모른다. 그러나 중요한 것은 어떻게 바라보고, 어떻게 키워나가느냐에 달려있다. 아무리 커다란 꿈도 작은 발걸음에서 시작되는데, 경제적 자유도 마찬가지다. 처음부터 모든 것을 완벽히 알 필요는 없다. 중요한 것은 첫걸음을 내딛는 용기와, 그 꿈을 꾸고 키워나가는 과정에서 생기는 확신이다.

꿈을 꾸는 것이 왜 중요한가?

　많은 사람들이 "꿈"이라는 단어를 들으면 마치 어린 시절에나 상상할 수 있는 무언가라고 생각한다. 그러나 꿈은 나이에 상관 없이 우리 모두가 가질 수 있는 강력한 힘이다. 꿈은 우리가 가고자 하는 방향을 제시해주고, 목표를 향해 나아가도록 동기를 부여한다. 경제적 자유라는 궁극적인 목표 역시 꿈에서 시작된다. 우리는 그 꿈을 통해 더 나은 삶을 상상할 수 있고, 그 상상이 현실이 되는 날을 위해 노력하게 된다.

　모든 성공적인 업적을 이룬 사람들은 꿈을 꾸었다. 뛰어난 지능이나 특출한 재능을 물려 받았어도 간절한 꿈과 함께 해야만 성공의 가능성도 높아지며, 재능을 타고 나지 못해도 생생한 꿈과 그것을 이룰 수 있다는 확신이 있다면 성공의 문은 활짝 열릴 것이다. 왕초보 어른들이 돈공부를 시작할 때, 돈을 통해 얻을 수 있는 자유, 선택의 폭을 넓힐 수 있는 능력, 그리고 가족과 더 행복한 삶을 살 수있는 기회가 진정한 꿈이 되어야 한다.

　웰레스 워틀스의 《지혜》라는 책에서 작가는 아주 강한 어소로 이렇게 말한다. "보통의 건강한 사람이라면, 부자가 되고 싶어야 하고, 그 욕망을 적극적으로 키우고 그것을 실현하기 위해 지혜와 신념, 행동과 실천, 창조와 감사의 태도를 지녀야 한다"고 한다. 그래서 그 목표를 꿈꾸고, 구체적으로 그려보는 것이 필요하다. 그 꿈을 구체화하고, 키워나가는 과정에서 우리의 마음가짐과 행동과 태도도 달라지게 된다.

"Dream Building" 꿈을 키워나가는 과정

꿈은 꾸는 것만으로는 충분하지 않다. 꿈은 실제로 이뤄내기 위해서는 그것을 키워나가는 과정이 필요다. 우리는 흔히 'Dream Building'이라고 부르는 이 과정을 통해 꿈을 점점 더 구체화하고, 실현 가능한 목표로 변환시켜 나가야 한다. 예를 들어 자신의 꿈을 사진이나 그림등으로 오려서 '드림보드'에 붙여서 매일 확인하거나 수첩이나 다이어리에 지니고 다니는것도 아주 좋은 방법이다. 그리고 글로 적어서 온 집에 붙이는 것도 좋다.

먼저, 자신의 꿈을 시각화하는 것이 필요한데, 경제적 자유라는 꿈을 떠올려보고, 그 꿈이 이루어졌을 때 어떤 삶을 살고 있을지를 상상해보자. 어떤 집에 살고 있을지, 어떤 일을 하고 있을지, 가족과 어떻게 시간을 보내고 있을지를 구체적으로 상상해보는 것이다. 이러한 시각화는 우리의 의식을 자극하여 그 꿈을 더욱 현실적으로 느끼게 만들어준다.

두 번째로, 그 꿈을 매일매일 상기시키는 것이다. 아침과 저녁마다 그 꿈을 소리 내어 읽고, 자신이 이루고자 하는 목표를 마음속 깊이 새기자. 꿈은 일회성으로 끝나는 것이 아니라, 지속적으로 가꾸고 다듬어 나가는 것이다. 마치 식물을 키우듯, 매일 물을 주고 햇빛을 쬐어주듯이 우리의 꿈도 매일 상기시키고 돌봐주어야만 한다. 그렇게 하면 우리의 꿈은 더 이상 추상적인 것이 아니라, 손에 잡힐 듯한 현실로 다가오게 될 것이다.

작은 목표부터 시작하라

꿈을 이루기 위해서는 단번에 큰 성공을 바라는 것이 아니라, 작은 목표부터 차근차근 이뤄나가는 것이 중요하다. 경제적 자유라는 목표도 마찬가지다. 처음부터 거창한 계획을 세우고, 큰 성과를 기대하기보다는 작은 성공들을 쌓아가면서 점진적으로 목표를 달성해 나가는 것이 좋다.

예를 들어, 돈공부를 시작하는 단계에서는 간단한 재정 계획을 세우고, 소비 습관을 점검하는 것부터 시작할 수 있다. 하루하루 기록하고, 불필요한 소비를 줄이는 작은 실천이 쌓이다 보면 어느새 저축이 늘어나고, 더 나아가 투자에대해 공부할 수 있는 여유도 생길 것이다. 이렇게 작은 목표들을 하나씩 달성하면서 성취감을 얻고, 그 성취감이 점점 더 큰 도전을 가능하게 만들어 준다.

실패는 과정의 일부이다

꿈을 키워나가는 과정에서 실패는 반드시 찾아온다. 그러나 그 실패는 우리가 꿈을 이루는 데 있어서 중요한 경험이다. 실패를 두려워하지 말고, 그 실패에서 배울 수 있는 점을 찾아보자. 예를 들어, 돈을 모으는 과정에서 예상치 못한 지출이 발생하거나, 투자에서 손해를 보는 일이 생길 수 있다. 이런 실패를 경험할 때마다 우리가 얻을 수 있는 교훈은 무엇일까? 바로, 더 나은 계획을 세우고, 리스크를 관리하는 방법을 배우는 것이다. 실패는 우리의 꿈을 이루는 과정에서 피할 수 없는 부분이다. 그러나 그 실패를 통해 우리는 더 강해지고, 더 나은 결정을 내릴 수 있는 능력을 갖추게 된다. 실패는 끝이 아니라, 꿈을 이루기 위한 과정 중 하나라는 것을 명심해야 한다.

꿈이 이루어졌을 때의 감정을 상상하라

꿈을 이루기 위해서는 그 꿈이 실현되었을 때의 감정을 미리 상상해보는 것도 큰 도움이 된다. 경제적 자유를 이룬 자신을 상상할 때, 그순간의 기쁨, 만족감, 그리고 자부심을 생생하게 그 느낌과?? 느껴보자. 그 감정은 우리의 의지를 더 강하게 만들어 주고, 꿈을 향한 동기부여를 지속적으로 유지할 수 있게 해준다. 구체적인 감정과 기분까지 느끼게 될 때 우리의 오감을 총동원해서 색깔, 냄새, 맛까지도 상상할 수 있다.

그리고 그 꿈이 이루어졌을 때를 수시로 상상하며, 가족과 함께하는 행복한 시간 들을 떠올리며, 경제적 자유를 통해 더 많은 시간을 가족과 보내고, 원하는 일을 하며 살아가는 자신의 모습을 상상해보는 것이다. 그러한 감정은 단순한 상상이 아니라, 꿈을 이루는 데 실질적인 동력이 될 수 있다. 그 꿈을 마음속에 깊이 새기고, 그 꿈을 이뤄가는 과정에서 느껴지는 작은 기쁨들을 놓치지 말자.

왕초보 어른들이 경제적 자유라는 궁극적인 꿈을 이루기 위해서는 먼저 그 꿈을 꾸고, 키워나가는 과정이 필요하다. 그 꿈은 우리가 원하는 삶을 살아가는 데 필요한 자유와 선택권을 제공해준다. 꿈을 구체화하고, 시각화하며, 작은 목표들을 하나씩 달성해 나가는 과정에서 우리는 점점 더 그 꿈에 가까워질 수 있다.

실패는 과정의 일부 이며, 그 실패를 통해 우리는 더나은 결정을 내릴 수 있는 능력을 갖추게 된다. 꿈이 이루어졌을 때의 기쁨과 만족감을 상상하며, 그 감정을 동력 삼아 매일매일 꿈을 향해 나아간다면, 왕초보 어른들에게 경제적 자유는 먼 이야기가 아니다. 꿈을 키워나가고, 그 꿈을 이루기 위한 실천을 꾸준히 이어나간다면 누구나 그 꿈을 이룰 수 있다. 지금 바로 시작하자, 여러분의 꿈은 실현될 수 있다.

⑥
구체적인 목표
수립하기

꿈을 가진 사람이라면, 그 꿈을 실현하기 위한 구체적이고 명확한 목표 설정과 계획이 필수적이다. 특히, 경제적 자유를 꿈꾸는 왕초보 어른들에게 목표와 플랜은 단순한 선택이 아니라 성공을 위한 필연적인 도구다. 아무리 원대한 꿈이 있다 하더라도 그것을 이룰 수 있는 구체적인 방법과 수치화된 기한이 없다면 그 꿈은 현실로 이어지기 어려울 수 있다. 구체적이고 장기적인 목표를 세우기 위해 다음과 같은 점을 미리 유의하면 좋다. 첫째, 도전적인 목표를 세우고, 실패를 두려워하지 않아야 한다. 둘째, 허황되지 않도록 한다. 셋째, 목표를 주도해야 한다.

목표 세우기의 중요성

모든 행동에는 이유가 있고, 그 이유를 뒷받침하는 것이 바로 목표다. 경제적 자유를 꿈꾸며 돈 공부를 시작하는 어른들에게도 목표는 필수적이다. 꿈을 이루기 위한 첫 번째 과정이 바로 목표 설정이라는 사실은, 목표가 단순한 바람이나 희망을 넘어서는 실질적인 성취 도구임을 보여준다. 막연히 꿈만 꾸는 것으로는 원하는 결과에 도달하기 어렵다. 목표를 통해 우리는 꿈을 구체화하고, 그것을 달성할 수 있는 현실적인 계획을 세울 수 있다.

목표는 꿈을 행동으로 이끌어내는 강력한 매개체다. 꿈이 추상적인 바람이라면, 목표는 그 바람을 실현하기 위한 구체적인 단계이다. 예를 들어, "경제적 자유를 이루고 싶다"는 꿈이 있다면, 이를 달성하기 위한 목표는 구체적으로 수치화되어 있어야 한다. 기한이 숫자로 설정된 목표는 막연한 바람에서 벗어나 현실적인 행동 계획을 요구하기 때문이다. 목표는 행동을 전제로 하기 때문에, 이를 설정하는 것만으로도 이미 성공을 위한 첫걸음을 내딛는 셈이다.

왜 큰 목표가 필요한가?

목표는 크게 세워야 한다. 큰 목표는 큰 행동을 가능하게 하고, 더 나아가 우리를 자극하여 그 꿈을 위해 끊임없이 노력하게 만든다. 작은 목표는 그만큼 우리의 행동을 제한하게 마련이다. 반면, 큰 목표는 큰 도전과 노력을 요구하고 이는 우리의 능력을 극대화시킬 수 있는 기회를 제공한다. 예를 들어, 단순히 월급을 모아 적금을 들겠다는 작은 목표보다는, 월급의 일정 부분을 투자하고, 추가 수익을 창출할 방법을 찾겠다는 큰 목표를 세우는 것이 훨씬 더 강력한 동기부여가 된다.

장기적인 목표 갖기

또한, 목표는 장기적이어야 한다. 단기적인 목표는 빠르게 성취할 수는 있지만, 그 성취 이후 더 큰 방향성을 잃기 쉽다. 반대로 장기적인 목표는 멀리 내다보고 올바른 방향으로 꾸준히 나아갈 수 있도록 한다. 10년, 20년 후의 나를 그려보면서 세우는 목표는 단기적인 좌절에 흔들리지 않고 일관된 방향을 유지할 수 있게 해준다. 경제적 자유를 위한 목표 역시 딘기적인 이익에 집착하기보다는, 장기적인 자산 형성을 목표로 해야만 진정한 자유를 얻을 수 있다.

목표를 설정하기 위해 먼저 꿈에다 기한을 정해보자. 단기 목표는 보통 한 달 단위 목표나 3개월, 6개월 정도의 목표가 좋다. 중기 목표는 1년 이상~3년 정도의 목표가 중기 목표이다. 그리고 장기 목표는 3년 이상 5년 10년까지 먼 장기적인 안목으로 큰 성장의 발판을 만들고 성장시켜 나가는 목표 설정이다.

구체적이고 간절한 목표가 필요한 이유

목표는 구체적이어야 하는데, "부자가 되고 싶다"는 꿈만으로는 그 목표를 이루기가 어렵다. "5년 안에 2천만 원을 모으기 위해, 매달 30만 원씩 저축하고, 추가로 매달 10만 원씩 투자하기"와 같은 구체적인 목표가 있어야, 목표를 실현할 방법을 찾고 실천할 수 있다. 목표가 구체적일수록 우리는 무엇을 해야 할지 명확하게 알 수 있다.

목표가 구체적이고 간절하지 않으면, 행동으로 옮기기가 쉽지 않다. 예를 들어, "돈을 많이 모으고 싶다"는 생각만으로는 막연하고 어디서부터 시작해야 할지조차 알 수 없다. 반면, "매달 불필요한 지출을 20% 줄이고, 그 돈을 투자하겠다"는 구체적으로 수치화된 목표는 그에 따른 행동 계획을 세울 수 있게 만든다. 매달 소비를 기록하고, 그 데이터를 기반으로 불필요한 부분을 줄이는 구체적인 행동을 하게 되는 것이다.

또한, 목표는 간절해야 한다. 간절한 목표는 우리를 더욱 집중하게 하고, 목표를 이루기 위해 더 많은 노력을 기울이게 만든다. 간절함은 우리의 마음을 움직이는 강력한 에너지다. 돈을 모으는 목표가 내 삶의 큰 변화를 가져올 수 있는 기회라는 사실을 인식하게 된다면 우리는 그 목표에 훨씬 더 많은 열정을 쏟을 수밖에 없다. 경제적 자유를 향한 목표가 간절할 때, 우리는 더 큰 결심을 하고, 그 결심이 지속적인 행동을 이끌어낼 것이다.

기한 설정의 중요성

목표에 기한을 설정하는 것은 그 목표를 이루기 위한 필수적인 과정이다. 목표에 기한을 설정하면 그만큼 집중력이 높아지고, 그 기한 내에 성취하기 위한 행동 계획이 구체화된다. 기한이 없는 목표는 단순한 소망이나 바람과 다를 바 없다. 기한을 설정하면 행동에 대한 책임감이 생기고, 그 목표를 달성하기위해 필요한 시간과 노력을 계산할 수 있다. 예를 들어, "5년 내에 1억 원을 모으겠다"는 목표를 세우면, 그 목표를 이루기 위해 매달 얼마를 저축해야 하고, 추가로 어떤 수익 창출 방법을 찾아야 할지 계획을 세울 수 있다.

이러한 과정은 자연스럽게 더 구체적인 계획과 행동을 요구하게 된다. 효과적인 목표설정의 특징은 무슨 일을 해낼 것이지 구체적이고 정확하게 표현하고 있어야 하며, 확실한 사건과 측정 가능한 날짜와 시간이 정해져 있어야 한다. 그리고 해야 할 일들을 확실히 정하는 행동 지향적이어야 하며, 현실성 있는 목표여야 하고 허용된 시간이 합리적이고 적시적이어야 한다.

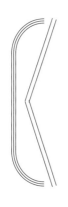

⑦
계획
설정하기

플랜을 세우는 이유

구체적인 목표를 세웠다면, 이제는 그 목표를 이루기 위한 계획이 필요하다. 목표 설정은 '어디로 가고 싶은지' 방향을 잡는 것이라면, 계획 세우기는 '그곳에 어떻게 갈지' 그 방향으로 나아가기 위한 구체적인 지침이다. 계획을 세우는 과정에서 우리는 목표를 달성하기 위한 단계별 실천 방법을 찾아내고, 구체적인 행동 계획을 만들 수 있다. 이렇게, 인제 목표에 다가갈지의 여정을 계획하는 과정이다. 계획이 세워지면, 그에 따라 행동할 수 있다. 경제적 자유를 위한 목표를 세웠다면, 그 목표를 현실화하기 위해 매일, 매주, 매달 어떤 행동을 해야 하는지 정하는 단계다.

　계획 세우기는 목표 설정할 때 보다, 작지만 평범한 행동 지침들을 찾아볼 필요가 있다. 거창하고 큰 목표도 중요하지만 그 큰 목표에 따른 구체적인 행동 실천 계획은 우리가 그 목표에 어떻게 갈 수 있을지를 알려준다. 매일, 매시간 단위까지 나누어 관리하고 계획을 세워야 한다. 그중 가장 효율적인 계획 세우기의 단위는 '주간 단위'의 계획 세우기다. 매주 꽉찬 주간 계획은 한 달, 3개월, 6개월, 1년 단위의 목표를 성공적으로 성취하고, 이루어나갈 수 있는 원동력이 된다. 이런 구체적인 계획 세우기는 중간에 좌절하거나 포기하지 않고 계획된 기간안에 하나씩 단계적으로 목표를 성취해 나가게 되면서 선순환으로 이어져서, 성취의 습관을 들일 수 있는 좋은 과정이 될 수 있다.

　이렇게 구체적인 계획이 설정되면, 잘게 나누어서 매일 무엇이라도 내가 할 수 있는 일을 적어보는 것도 좋다. 아무리 사소한 행동이라도 상관없다. 매일 밤 설정된 계획을 위해 달성하고 싶은 행동을 그냥 생각나는 대로 적어본다. 그렇게 하나씩 실현되면 지워 나가면서 작은 성취의 습관을 만들어가는 것이다. 에너지를 집중해서 써나가다 보면 매일 한 걸음이라도 더 가까이 목표에 다가갈 수 있다. 첫 한 걸음을 떼는 것은 힘들지만, 처음 한 걸음을 내딛고 나면 이후 새로운 일이 전개되기 때문에 두 번째 이어질 걸음은 쉬워질 것이다.

목표가 아무리 커도 그에 따른 실천 방법이 없다면, 그 목표는 그저 꿈으로 남을 뿐이다. 하지만 구체적인 계획을 통해 우리는 하루하루 그 목표에 더 가까워질 수 있다. 예를 들어, 하루에 얼마를 절약할지, 어떤 투자를 할지, 매달 매달 그리고 3개월마다 저축 상황 점검하기, 불필요한 지출을 어떻게 줄일지와 같이 구체적인 실행 방안을 마련하는 것이 바로 계획 세우기다.

또한, 계획은 우리가 목표를 향해 가는 도중에 마주하게 될 어려움을 대비하는 데 도움을 준다. 모든 과정에서 예상치 못한 상황이 발생할 수 있지만, 사전에 마련된 계획은 그러한 문제를 미리 예측하고 대비할 수 있게 만든다. 예를 들어, 갑작스러운 경제 위기나 개인적인 재정 문제에 직면했을 때도 계획이 있다면 더 신속하게 대응할 수 있다.

꿈을 이루기 위해서는 구체적이고 명확한 목표 설정과 계획이 필수적이며, 우리 왕초보 어른들이 돈 공부를 시작할 때, 구체적이고 실행 가능한 목표와 계획을 세우면, 그 꿈을 현실로 만들 수 있다. 큰 목표와 장기적인 목표는 우리를 더 멀리, 더 크게 바라보게 하고, 구체적인 목표와 계획은 우리가 그 목표를 향해 실제로 나아갈 수 있게 행동하게 만든다. 기한이 설정된 목표는 행동을 이끌어 내고, 구체적인 계획에 따른 그 행동을 통해 우리는 성공에 더욱더 가까워질 수 있다

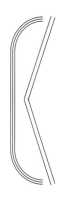
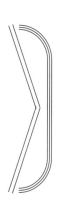

⑧
실천하는
행동

인생에서 무엇을 할지 결정하는 것은 선택이다. 위험을 감수하는 것, 결정을 내리는 것, 자신을 돌보는 것, 꿈을 현실로 만드는 것, 이 모든 것의 선택권은 자신에게 있으며, 결정을 내리는 책임은 선택한 당사자에게 있다. 이 선택은 곧 행동으로 이어지고, 행동했을 때, 성공이든 실패든 결정된다.

그런데, 행동은 왜 이렇게 어렵게 느껴질까? 왜 사람들은 결심하고도 행동에 옮기지 못하고 망설일까? 한번도 경험해 보지 않는 일을 시작하는 것은 어른들도 어려워한다. 하늘을 나는 새도 날아올라 가려면 공기의 저항을 받아야만 한다. 이와 같이 모든 일에는 저항이 있기 마련이다. 이는 실패에 대한 두려움과 미지의 상황에 대한 불안 때문일 것이다. 이런 감정들이 행동을 망설이게 만들고, 주저하게 한다.

나는 이럴 때마다 처음으로 돌아가서, 나는 왜? 이 일을 하려고 하는지에 대한 이유를 다시 한 번 더 상기시킨다. 내가 원하는 그 모습이 되었을 때를 생각하며, 행동해야 하는 이유를 더 명확하게 이미지하고, 당장 눈앞의 현실을 보지 않고 멀리 보고 생각하며, 내가 가고자 하는 옳은 방향으로 다시 나아가야 한다. 행동으로 실천해 보지 않고는 그 결과를 알 수 없다. 결국 행동하고, 실패하고 행동하고 실패하고를 반복하다 보면 그 끝이 성공이라는 것을 행동 했을때 비로소 알 수 있다. 그러므로 결과에 연연하지 말고 그냥 해 보자. 매일매일 실패로 보이는 것들이 연결되고 축적되어 결국 큰 성공에 이르게 한다.

행동을 꾸준히 이어가고 성공으로 연결하는 데 도움이 되는 방법에는 플래너나 다이어리에 체크리스트를 만들어 매일 완료후 항목에 표시하는 방법이 있고, SNS나 카카오톡 오픈 채팅방, 또는 온라인 커뮤니티에서 같은 목표를 가진 사람들과 함께 목표를 공유하고 서로 피드백을 주고받는 것도 하나의 방법이다.

비슷한 목표를 가진 사람들이 함께 모여 공부하거나 도전하는 스터디그룹이 있는데, 이는 주로 자기계발, 독서, 다이어트, 취업 준비 등 다양한 주제로 이루어진다. 그리고 챌린지는 특정 기간 동안 특정 목표를 달성하기 위해 매일 도전하는 형식인데, 스터디그룹의 플랫폼에서 구성원들과 매일 진행 상황을 기록하고 인증사진을 공유하거나, 일기를 써서 자신의 성과를 체크한다. 챌린지 기간은 보통 30일, 100일 단위가 많다. 챌린지 플랫폼은 카카오 오픈채팅방, 인스타그램, 네이버 밴드 등이 있다.

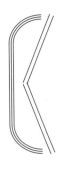

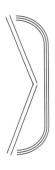

⑨
습관

원하는 것을 이루고, 성공한 사람들이 이룬 성과는 '습관'이 기반이 되는 경우가 많다. 처음에는 우리와 같은 평범한 사람이었지만, 그들이 우리와 다른 점은 바로 성공습관 이다. 평범한 사람과 다른 사람들을 자세히 보면 행동이 다르다. 뭔가 하루를 시작하는 루틴도 다르고, 행동과 말투도 다르다. 표정과 제스쳐도 남다르다. 왜일까? 그들은 오랜 시간을 투자해서 자신을 변화시키기 위해 행동하고, 그 결과를 되돌아보며, 무엇이 잘되었고, 무엇이 개선이 필요한지를 검토하고 피드백하면서 앞으로 나아갔기 때문이다. 그들은 매일 또는 매주 성찰하는 시간을 가지면서 실패나 실수를 긍정적으로 받아들이며 그것을 통한 배움을 얻어간다.

성공을 지속시키기 위해 행동을 반복적으로 했을 때 근력이 생기고, 반복된 행동은 긍정적인 습관을 형성하여 결국 성공을 가능하게 한다. 꿈을 설정하고, 어디를 향해 갈지 구체적이고 측정 가능한 목표로 바꾸어서, 그 꿈의 목표를 어떻게 이룰 것 인지 현실적인 시간표와 실행 계획을 수립하고, 계획을 실천으로 옮겨서 행동하고, 부딪히고, 실패하고를 반복하다 보면 그 성공의 과정에 꾸준하고 지속 반복되는 행동이 긍정적인 습관을 형성하게 되고, 결국 시간을 통해 남과 다른 성공을 이루게 된다.

자기계발은 끈임없는 성공의 습관을 만들어 가는 과정이다. 자신을 발전시키고 성장시킬수 있는 행동들을 시작하고 매일 일정 시간을 투자해서 반복하는 과정에서 수많은 실패와 시행착오들을 하게 될 것이다. 명확한 목표와 꿈이 있다면 그 과정을 끝까지 해낼것이고 그 실천하는 행동들이 나를 성공 할 수 있는 습관으로 만들어 지는 과정이며, 이것이 바로 '성공습관 사이클' 이다. 이렇듯 우리는 성공을 선택 할 수 있다. 결과에 대한 확실한 믿음만 있다면, 그 과정은 정말 즐거운 여정이 될 것이다. 성공의 사이클을 돌리자 나의 성장과 성취를 믿고 성공 습관의 사이클을 반복해 나가다 보면, 어느새 더 나은, 더 효과적인 나를 만나게 될 것이다.

꿈 설정하기, 목표와 구체적인 계획 세우기, 행동하고 실천하기를 반복해서 행동 사이클을 돌리면, 성공의 습관이 형성되고, 이 성공하는 습관은 결국 우리를 꿈꾸고 원하는 성공의 목적지로 안내할 것이다.

5장

/

내 삶을 바꾼
돈 공부 이야기

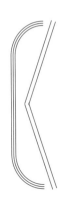

①
다시 일어서기 위한
첫걸음

삶은 예고 없이 우리의 태도와 생각을 시험하곤 한다. 결혼 후 우리 가정의 재정은 자연스럽게 남편의 몫이 되었다. 나는 경제적 부분에는 신경 쓰지 않았고 남편이 이끄는 대로 따르며 일상을 이어갔다. 하지만 예기치 못한 남편의 갑작스런 건강 악화와 함께 '앞으로 3개월밖에 남지 않았습니다'는 의사의 진단은 우리의 일상을 뒤흔들어 놓았고 한동안 현실로 받아들이지 못한 채 고통과 혼란 속에 빠져 있었다.

사람들은 돈을 벌기만 하면 부유해질 것이라 착각한다. 수년간 네트워크 마케팅에서 나름 성공을 거두며 많은 수익을 올렸지만,

나 또한 마찬가지였고, 세상이 만들어놓은 패러다임의 창에 맞추어 살아가면서, 열심히 앞만 보고 달려왔다. 꾸준한 수익에도 불구하고, 나의 삶은 그렇게 달라지지 않았다.

그때 내가 깨달은 것은, 돈에 대한 나의 무지함이었다. 항상 부족하지 않게 돈을 벌었고, 언제까지 그럴 수 있을거라는 생각이 늘 나를 지배해 왔기 때문에 돈을 모으고, 관리하고, 자산을 축적해 가면서 미래를 준비해 나가는 것에 대해 안일한 생각을 한 것이다. 모든 재정 관리는 남편에게 일임하고 오로지 나는 그저 더 많은 수익을 목표로 무작정 열심히 일하는 데에만 몰두한 것이다. 오히려 문제는 소득이 많고 재산이 많아도 관리하는 법을 모르면 한순간에 위기에 빠질 수 있다는 점을 나 역시 뼈저리게 경험하게 된 사건이었다.

위기는 누구에게나 예고 없이 찾아올 수 있고, 재정적 압박은 그 불행을 더욱 가중시킨다. 나는 돈에 대한 무지로 큰 고통을 겪었지만, 그 위기는 나에게 새로운 관점을 열어 주었고, 재정 관리의 중요성을 깨달은 순간부터, 나는 비로소 돈과 삶에 대한 태도를 다시 생각하게 되었다. 돈과 삶에 대한 관점이 완전히 바뀌게 된 것이다. 그것은 위기의 모습으로 나에게 찾아온 또 하나의 큰 "기회"였다.

아무리 큰 재산을 갖고 있더라도, 올바른 재정 관리에 대한 학습이 되어있지 않다면 위기의 순간에 무너질 수밖에 없다. 그것은 물론 하루 아침에 바꿀 수 없다. 하지만 관심을 갖고 돈에 대한 페러다임을 바꾸면서 생활 속에서 습관화한다면, 누구나 실천 가능한 것이 바로 '돈 관리 습관'이다. 그렇지 않으면 어느 순간 우리의 삶은 무너질 수 있다는 점을 우리는 기억해야 한다. 재정 관리의 부재는 결국 우리를 또 다른 위기로 몰아넣을 수 있기 때문이다. 재정적 어려움을 겪지 않더라도, 누구나 위기를 대비해야 하며, 이를 위한 준비는 반드시 필요하다. 이 책을 통해 당신이 조금 더 빨리, 조금 더 현명하게 돈을 다룰 수 있는 최소한의 돈 공부 방법을 배우길 바란다.

 내 삶의 주인이 되기 위해서 우리는 돈을 다스리고, 관리하는 법을 배워야한다. 돈이 우리의 삶을 지배하게 내 버려 두어선 안 된다. 나 역시 돈에 대한 무지로 이 진실을 알게 되었고, 내가 이 책을 쓰게 된 이유는 간단하다. 나처럼 재정 관리의 부족으로 고통받는 사람들이 너무나 많다는 것을 알았기 때문이다. 그들에게 나의 실패와 깨달음을 솔직하게 공유함으로써 조금이라도 도움이 되고 싶었고, 직접 경험했던 나의 실패와 극복의 과정이 이 책을 통해 당신도 새로운 재정적 시각을 얻고, 삶의 전환점을 만들 수 있기를 기대한다.

"당신의 인생에서 가장 큰 부는 당신이 가진 것이 아니라,

당신이 누구인가에 달려 있다."

– 오프라 윈프리 –

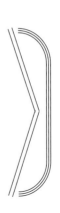

②
내 삶의
주인 바꾸기

새로운 책임, 새로운 시작

한 가정에 가장이 된다는 것은 단순히 경제적 책임을 지는 것을 넘어, 가정의 미래를 설계하고 지켜야 한다는 의미다. 나는 가장이 되었고, 재정적 미래를 책임 져야 하는 위치에 서게 되었다. 그 순간 완전히 새로운 시각을 갖게 되었다. 그 책임의 무게는 실로 막대했다. 그러나 피할 수 없는 현실 속에서 나는 자신에게 물었다. '이 어려움을 어떻게 헤쳐 나갈 수 있을까?'

처음엔 복잡한 재정 용어도 생소하고 수많은 금융 상품들도 낯설었지만, 나는 포기하지 않았다. 다양한 경제 서적들을 읽으며, 재정의 기초를 하나하나 배워가며 재정 상황을 개선해 나갔다. 특히, 그중에서도 로버트 기요사키의 《부자 아빠 가난한 아빠》, 웰리스 워틀스의 《부의 비밀》, 김미진의 《왕의 재정》, 리치 디보스의 《더불어 사는 자본주의》, 데이브 램지의 《돈의 연금술》 같은 책들이 나에게 큰 영감을 주었고, 그 책들에서 강조하는 원칙들을 실천하며 내 삶을 변화시키기 시작했다.

내 삶의 주인 바꾸기

재정 관리에 있어 가장 중요한 것은 '주인의식' 이다. 과거의 나는 남편에게 의존했고, 그로 인해 돈이 나를 지배하게 내버려뒀다. 그러나 이제는 내가 돈을 지배하며, 단순히 가정의 재정을 이끌고 관리하는 것을 넘어 '재정적 주인'으로서 자신의 삶을 주도적으로 이끌어 갔다. 이제 나는 더 이상 돈이 나를 지배하지 않도록 재정 관리의 중요성을 깨닫게 되었고, 내가 가정의 재정을 책임지고 관리하는 가장이 된 것이다.

특히 김미진 간사님의 책 《왕의 재정》에서 강조한 '주인 바꾸기'라는 개념은 내 인생에서도 중요한 정신적인 전환점이 되었다. 과거의 나는 돈이 나를 지배하도록 내버려둠으로써 나의 주인이 재물이었다면, 이제는 내가 내 삶의 주인이 되었고 주인의 식을 갖고 삶을 더 주도적으로 살게 되었다. 오히려 돈을 관리하고 다스리는 삶의 진정한 재정적 주인이 된 것이다.

처음부터 모든 것이 쉽지는 않았다. 하지만 작은 실천 하나하나 다 결국 우리 가정을 살려내는 데 기여했고, 남편의 병환과 재정적 어려움이라는 '위기'를 통해, 나는 진정한 한 가정의 주인이 되는 법을 배우게 된 것이다. 더 이상 돈 때문에 두려워하지 않는다. 오히려 그 도구를 어떻게 다루느냐에 따라 우리의 미래가 달라질 수 있다는 것을 깨달았기 때문이다.

이 책을 통해, 나처럼 재정적 어려움에 처한 사람들이 '내 삶의 주인 바꾸기'를 통해 새로운 희망을 찾기를 바란다. 우리가 진정으로 필요한 것은 '최소한의 돈 공부'일 뿐이라는 사실, 그 과정에서 돈은 단지 도구이며 어떻게 다루느냐에 따라 우리의 삶이 달라진다는 사실을 깨달았다. 이제는 더 이상 재정적 어려움 앞에서 두려워하지 않는다. 남편의 부재로 인해 맞이하게 된 어려움은 오히려 나에게 새로운 삶의 방향을 제시해주었고, 내가 세상을 바라보는 페러다임을 바꾸어준 기회가 되었다. 그리고 내가 배운 재정 관리의 기술과 경험들이, 나와 같은 길을 걷고 있는 세상의 사람들에게도 큰 도움이 될 것이라 믿는다. 내 삶의 진정한 주인 바꾸기는 생활의 거품을 빼고, 있는 것만큼만 사용하는 겸손을 훈련하는 과정이며, 매달 모자라는 경제 구조에서 남는 경제 구조로 만들어내는 과정임을 명심하자.

돈 공부는 단순한 지식의 습득이 아니다. 우리의 삶을 바꾸고 더 나은 미래를 설계하는 첫걸음이다. 이 책이 당신에게 그러한 첫걸음을 내딛게 하는 계기가 되길 바라며, 이것은 우리모두가 배워야 할 중요한 삶의 기술이다.

"돈을 더 벌고 싶다면, 더 많이 제공하라."

- 조지 소로스 -

③
포기 하지 않고
꾸준히 해낸 삶의 변화

우리가 돈에 대해 꾸준히 공부하면 단순히 재정적 자유를 얻는 것뿐만 아니라, 그 과정에서 우리 삶 전체가 변하게 된다. 지난 27년간 수 많은 사람들에게 책을 통한 자기계발을 가르쳐 오면서 느낀 건, 돈을 잘 관리하는 사람이 결국엔 삶의 질도 높아진다는 점이다. 하지만 이것은 하루아침에 이루어지는 일이 아니라 꾸준히, 그리고 자기계발과 함께 돈 공부를 해나가는 게 핵심이다.

자기계발과 돈 공부의 연관성

돈 공부는 단순한 경제 지식 습득이 아니다. 돈을 공부하는 과정에서 우리는 자기관리, 인내, 자세와 태도, 목표 설정 등 다양한 자기계발 능력을 키우게 되는데, 이를 잘 보여주는 책 중 하나가 찰스 두히그의 《습관의 힘(The Power of Habit)》이다. 이 책은 우리가 어떻게 습관을 형성하고, 그 습관이 어떻게 삶에 영향을 미치는지를 다룬다. 습관을 바꾸는 건 단순한 노력 이상의 것이며, 지속적인 의지가 필요하다고 말한다.

마찬가지로 돈을 잘 관리하고 공부하는 것도 습관에서 시작한다. 저축을 매달 하는 습관, 불필요한 소비를 줄이는 습관, 투자 공부를 지속적으로 하는 습관. 이 모든 것이 쌓여서 나중에 우리의 삶을 완전히 바꾸는 결과를 가져온다. 자기계발 서적에서 이야기하는 '작은 습관의 힘'은 돈 공부에서도 똑같이 적용된다.

돈 공부와 자기계발이 결합되면 나타나는 변화

내가 가르쳐왔던 사람들 중에서도 돈 공부와 자기계발을 함께한 사람들은 더 빠르고 눈에 띄게 성장했다. 그들은 단순히 경제적으로만 성공한 것이 아니라, 삶의 균형을 맞추고 더 나은 생활을 만들어갔다. 돈을 모으고, 재테크를 배우는 과정에서 우리는 자연스럽게 인내력과 자기절제, 시간 관리 같은 자기계발 요소들을 배우게 되기 때문이다.

데이브 램지의 《Total Money Makeover》는 재정적 자유를 위해 실천할 수 있는 구체적인 방법들을 제시하면서, 동시에 자기절제와 책임감을 강조한다. 재정적으로 성공하기 위해서 자신을 통제하고, 감정을 관리하며, 장기적인 계획을 세우는 것이 얼마나 중요한지 이야기한다.

결국 돈 공부와 자기계발이 결합되면 단순한 재정적 성공을 넘어서 삶 전반의 긍정적인 변화로 이어지며, 꾸준히 공부하고, 자신을 개발하고, 목표를 세우며 나아가는 사람은 결국 더 나은 미래를 맞이하게 될것이다.

작은 시작, 큰 변화

돈 공부와 자기계발을 함께 꾸준히 하다 보면, 처음에는 미미한 변화처럼 느껴질지 몰라도 시간이 지날수록 눈에 띄는 성과를 얻게 된다. 작은 실천들이 쌓여 결국에는 큰 변화로 이어진다. 작은 저축, 작은 투자, 작은 공부의 실천들이 쌓여서 결국 당신의 재정적 자유와 삶의 질을 끌어올리는 데 큰 기여를 하게 될 것이다.

우리는 종종 돈 에대해 공부하기를 두려워하지만, 그 두려움은 시작하고 꾸준히 실천하는 것만으로도 극복할 수 있다. 자기계발 서적들에서 말하듯이, 우리가 조금씩이라도 매일 나아간다면 결국에는 원하는 결과를 얻을 수 있다. 그리고 그 과정에서 우리의 사고방식, 생활 습관, 돈을 대하는 태도 모두가 크게 달라질 것이다.

꾸준한 돈 공부와 자기계발이 결합 되면, 우리가 바라는 미래는 더 이상 막연한 꿈이 아니라 실제 현실로 이루어진 삶으로 다가올 것이다. 이제 작은 실천부터 시작해보자. 그 작은 시작이 모여 당신의 삶을 완전히 바꾸는 놀라운 변화를 만들어 낼 것이다.

"경제적 자유는 남이 아닌 나 자신에게 달려 있다."
– 엘리자베스 워렌 –

④
꾸준한 돈 공부와 자기관리가 가져온 달라진 삶

　오늘날 우리는 빠르게 변화하는 사회와 경제 속에서 매일 새로운 도전에 직면하게 된다. 특히, 재정적 불안은 어른들이 공통적으로 느끼는 문제 중 하나다. 요즘 세상은 살아가면서 재정적 자유에 대한 갈망이 커지고 있지만, 그 자유를 얻기 위한 과정은 여전히 어렵고 막연하게만 느껴질 때가 많다. 그러나 그 과정이 올바른 지출 소비 습관을 배우고, 최소한의 돈 공부를 꾸준히 실천하면서 얻어지는 재정적 자유는 우리의 삶에 안정감과 평화를 가져다주는 큰 힘이 된다.

재정적 자유, 단순한 목표가 아닌 삶의 새로운 기준

재정적 자유를 얻는다는 것은 삶을 바라보는 태도를 완전히 변화시키는 강력한 도구와 자원이 된다. 우리가 돈에 대해 제대로 공부하고, 지출을 관리하며, 꾸준히 자기관리를 해나가다 보면, 돈은 더 이상 걱정과 불안을 불러일으키는 대상이 아니라, 우리의 삶을 풍요롭게 만들어주는 자원이 된다.

요즘 어른들에게 중요한 것은 돈이 가져다주는 자유와 안정감을 찾는 것이다. 돈 공부를 통해 우리는 자산을 불리는 방법을 배우고, 소비를 효율적으로 줄이는 방법을 익힐 것이다. 이러한 과정을 통해 우리는 자신을 더 강하게 만들고, 예상치 못한 위기 상황에서도 흔들리지 않는 자신감을 얻게 될 것이다.

나도 위기를 극복하는 수년간의 경험을 통해 깨달은 점은 재정적 자유가 가져다주는 가장 큰 선물은 바로 삶의 안정감이었다. 돈 걱정에서 해방 되었을 때, 우리는 더 이상 돈에 휘둘리지 않고, 자신의 가치를 높이 평가하며 원하는 삶을 살아갈 수 있다. 그것이 바로 재정적 자유가 요즘 어른들에게 주는 가장 큰 의미다.

올바른 소비 습관과 돈공부가 주는 안정감

계속 반복되는 이야기지만 아무리 많은 수입이 있더라도 지출이 제대로 관리되지 않으면 돈은 금방 사라져 버린다. 그래서 중요한 것은 지출을 효율적으로 관리하고, 불필요한 소비를 줄이는 습관을 들이는 것이다. 사람들은 돈을 더 많이 벌면 삶이 안정될 것이라고 생각하지만, 그보다 더 중요한 것은 지금 내가 가진 돈을 어떻게 잘 관리하는가이다. 돈 공부는 바로 이 부분에서 시작된다. 우리가 스스로의 소비 습관을 점검하고, 필요한 곳에만 지출하는 방법을 배우며, 투자와 저축을 통해 자산을 늘리는 과정은 삶에 큰 안정감을 준다. 이것은 그저 통장에 돈이 쌓이는 것을 넘어서 내가 나의 재정을 통제하고 있다는 자신감을 불어 넣어준다. 꾸준한 돈 공부를 통해 우리는 우리 삶의 흐름을 더 잘 파악하고, 재정적으로 더 탄탄한 기반을 다지게 되고, 최소한의 돈 공부만으로도 우리는 우리 자신에게 안정감을 줄 수 있다.

꾸준한 자기관리와 공 돈부의 시너지 효과

돈 공부와 자기관리는 별개의 것이 아니다. 우리는 논을 관리하는 과정에서 스스로를 어떻게 더 잘 관리할 것인지에 대해 끊임없이 고민하게 될 것이다. 자기계발과 돈 공부는 서로 맞물려 돌아가는 과정이기 때문에, 자기계발을 통해 우리는 더 나은 재정 관리를 할 수 있는 힘을 기르고, 우리는 더욱 집중할 수 있는 자원을 마련하게 된다.

습관의 힘은 이러한 점에서 매우 중요하다. 우리가 일상적으로 작은 변화들을 만들어 나갈 때, 그 변화들이 쌓여 큰 결과를 만들어내며, 우리는 점점 더 나은 선택을 하게 되고, 그 결과 재정적으로나, 개인적으로도 성장할 수 있게 된다. 그것이 곧 재정적 자유를 향한 여정에서 가장 중요한 부분이다.

재정적 자유가 주는 심리적 안정

돈을 다루는 능력을 키우면, 단순히 재정적인 안정감을 넘어서 심리적인 안정도 얻을 수 있다. 재정적 불안은 심리적인 불안으로 이어지기 쉽다. 하지만 우리가 재정적으로 자유로워지면, 더 이상 돈에 대한 불안감에 시달리지 않게 된다. 그때 비로소 우리는 더 많은 여유를 가지고 삶을 즐길 수 있게 된다. 돈 공부를 통해 얻게 되는 안정감은 단순히 부를 축적하는 것에 그치지 않고, 우리가 더 나은 선택을 하도록 도와준다. 돈에 대한 걱정이 사라지면, 우리는 더 이상 무리한 선택을 할 필요가 없고, 보다 합리적이고 이성적인 결정을 내릴 수 있게 될 것이다. 이러한 과정에서 우리는 점점 더 안정된 삶을 만들어가게 되는 것이다.

특히, 요즘 같은 불확실한 경제 상황 속에서 재정적 자유가 주는 안정감은 그 무엇보다 큰 가치를 지닌다. 우리는 언제 어떤 일이 일어날지 예측할 수 없다. 하지만 꾸준히 돈 공부를 하고, 자신의 재정을 통제할 수 있는 능력을 기른다면, 그 어떤 위기가 찾아와도 흔들리지 않는 자신감을 갖게 될 것이다. 이는 내가 원하는 방향으로 내 삶을 이끌어갈 수 있는 주도적인 능력을 갖추게 된다는 것을 의미한다.

재정적 자유로 향하는 길은 지금부터 시작된다

재정적 자유는 단기간에 이루어지지 않는다. 하지만 꾸준한 실천이 쌓이면 누구나 그 목표에 도달할 수 있다. 돈 공부와 자기계발을 통해 우리의 삶은 점차 안정되고, 더 나은 내일을 위한 발판을 마련하게 된다. 그리고 그 과정에서 얻어지는 안정감과 평화는 우리의 삶을 더욱 풍요롭게 만들어준다. 조금 더 신중하게 소비하고, 조금 더 계획적으로 저축하는 것부터 시작해도 충분하다. 그렇게 작은 변화들이 모여 큰 결과를 만들어내는 과정이 바로 재정적 자유를 향한 길이다. 요즘 어른들에게 필요한 것은 꾸준한 자기관리와 돈 공부를 통해 우리의 삶에 안정감을 더하는 것이다. 그 과정에서 우리는 진정한 자유를 얻고, 더 나은 미래를 향해 나아갈 수 있게 될 것이다.

"돈은 자신을 위한 삶을 살 수 있는 자유를 제공하는 도구다."

– 마크 큐반 –

마무리

세컨 밀레니얼의 주인공 '두 번째 맞이하는 30대'

밀레니얼 세대는 1980년대부터 ~ 2000년대 초반까지 태어난 세대를 지칭할 때 '밀레니얼'이라고 부른다. 여기에 새로운 의미로 등장한 '세컨 밀레니얼'은 '제2의'라는 뜻의 'second'(세컨드)와 소비자를 뜻하는 'consumer'(컨슈머)를 합친 단어로 지속 가능한 삶을 위해 대안을 찾아 즐기는 소비자를 가르키는 신조어 이다.

하지만 나는 이 세컨 밀레니얼의 의미 해석을 조금 다르게 해석해 보고 싶다. 오늘날 60세를 두고 '두 번째 맞이하는 30대'라고 표현하며, 인생의 새로운 전성기가 왔다고들 한다. 이런 의미로 본다면, 딱 나에게 해당 되는 말이다. 처음 이 단어를 들었을 때 사실은 가슴이 뛰었다. 나의 30대는 인생에서 가장 열정적으로 달려온 시간들이었기에 지금 그 30대로 다시 돌아갈 수 있다면 무엇이든 해낼 수 있을 것 같다. 만약 나이 60에 인생의 또 다른 30년을 맞이한다면, 이를 통해 60대에 접어든 세대가 다시 새로운 30년을 준비하고, 인생의 후반부를 재정비한다는 의미가 강조될 수 있고, 새롭게 다가올 시기를 어떻게 준비하고 성장할지에 대한 목표를 설정할 수도 있다.

2023년 통계청이 발표한 '경제활동인구조사 고령층 부가조사 결과'에 따르면, 노인들이 일하기를 희망하는 가장 큰 이유는 '생활비에 보탬'이 55.8%로 가장 높은 비율을 차지했지만, 그 외에도 '일하는 즐거움'(35.6%), '사회적 역할'(2.3%), '건강 유지'(2.0%) 등 돈과 직접적으로 연결되지 않는 이유들이 뒤를 이었다. 이는 60대 이후에도 많은 이들이 경제활동을 통해 사회적 연결과 개인적 만족을 찾고자 하는 현대의 흐름을 반영한다.

기대 수명이 늘어나면서 많은 사람들이 60대 이후에도 적극적으로 경제활동을 하기를 희망하고 있으며, 은퇴 후의 삶은 이제 단순한 '안정'에 머무르지 않고 새로운 가능성과 도전을 위한 시기로 변화하고 있다. '세컨 밀레니얼' 세대는 나이가 듦을 단순히 피할 수 없는 변화가 아니라, 성장하고 성숙한 도전의 완숙기이자, 제2의 성장기로 바라본다. 이를 통해 자신의 가치와 꿈을 이루기 위해 한번 더 뜨겁게 집중할 수 있는 시간으로 맞이한다면, 두 번째 맞이하는 30대는 누구보다도 활기차고 값진 시기가 될 것이다.

　또한, 통계청 자료에 따르면, 근로자의 평균 퇴직 연령은 49.3세로 법정 정년인 60세보다 훨씬 이르며, 비자발적 조기 퇴직이 41.3%로 가장 큰 원인을 차지한다고 한다. (정년퇴직 비중은 고작 9.6%에 불과하다) 하지만, 이들이 실질적으로 경제활동을 끝내는 '실질 은퇴 나이'는 72세로, 조기 퇴직을 당한 이후에도 계속해서 오랜 기간을 경제활동을 더 이어가야 한다는 현실에 놓여 있다. 이는 중장년층에게 미래의 준비는 결코 피할 수 없는, 생존의 문제로 다가옴을 보여준다. 많은 경제 전문가들은 평생 소득이 되는 자산을 형성하고, 구축하라고 조언 하고 있다. 이제 우리는 100세 시대를 살고 있기 때문이다.

　세컨 밀레니얼의 중심에 있는 우리 베이비붐 세대에게는 인생 2막의 새로운 전성기가 찾아왔다. 준비된 사람에게는 기회가 될 수 있지만, 준비하지 못한 사람들에게는 생각보다 오랜 시간 생계를 위해 계속해서 경제활동을 해야하며, 경제적 어려움도 겪을 수 있다. 인생 후반부를 성장과 도전의 완숙기로 만들기 위해, 이제는 이 새로운 30년을 위한 체계적인 준비와 자산 구축이 절실하다. 미래를 준비해야 하는 40~50세대, 은퇴 후 인생 2막을 고민하는 50~60세대는 부양할 가정이 있고, 무거운 교육비를 부담해야 하며 여전히 갚아야 할 주택대출금이 남아 있는 세대이다. 짊어진 책임감이 막중한 만큼 그 어깨의 짐이 크다. 이런 중장년층에게는 결코 회피할 수 없는 생존의 문제다. 평생 마르지 않는 우물형 자산을 만들기 위해 모두가 함께할 '요즘 어른들의 최소한의 돈 공부'가 요즘 어른들에게 좋은 대안이 되기를 바래본다.